# LES ÉMISSIONS

ET

# REMBOURSEMENTS D'OBLIGATIONS

DES

## SIX GRANDES COMPAGNIES DE CHEMINS DE FER

## EN 1907

PAR

## ALFRED NEYMARCK

ANCIEN PRÉSIDENT DE LA SOCIÉTÉ DE STATISTIQUE DE PARIS

*Communication faite à la Société de statistique de Paris dans sa séance du 20 mai 1908*

## PARIS

FÉLIX ALCAN, ÉDITEUR

(Librairies FÉLIX ALCAN et GUILLAUMIN réunies)

108, BOULEVARD SAINT-GERMAIN

BERGER-LEVRAULT & Cie

ÉDITEURS

RUE DES BEAUX-ARTS, 5

Et dans les bureaux du journal *Le Rentier*, 33, rue Saint-Augustin

1908

# LES ÉMISSIONS

ET

# REMBOURSEMENTS D'OBLIGATIONS

DES

## SIX GRANDES COMPAGNIES DE CHEMINS DE FER

## EN 1907

PAR

## ALFRED NEYMARCK

ANCIEN PRÉSIDENT DE LA SOCIÉTÉ DE STATISTIQUE DE PARIS

*Communication faite à la Société de statistique de Paris dans sa séance du 20 mai 1908*

# PARIS

FELIX ALCAN, ÉDITEUR

(Librairies FÉLIX ALCAN et GUILLAUMIN réunies)

108, BOULEVARD SAINT-GERMAIN

BERGER-LEVRAULT & Cie

ÉDITEURS

RUE DES BEAUX-ARTS, 5

Et dans les bureaux du journal *Le Rentier*, 33, rue Saint-Augustin

1908

# AUTRES OUVRAGES DU MÊME AUTEUR

Aperçus financiers. 2 vol. grand in-8, 1868-1873.

Colbert et son temps. 2 vol. grand in-8, 1877.

Turgot et ses doctrines. 2 vol. grand in-8, 1885.

Un Centenaire économique. 1789-1889. 1 vol. in-8, 1889.

Vocabulaire manuel d'économie politique. 1 vol. in-12, 1898.

Rapport général *fait au Congrès international des valeurs mobilières sur son organisation et ses travaux*, 1 vol. grand in-8, 1900.

Rapports sur la statistique internationale des valeurs mobilières *présentés à l'Institut international de statistique* . 1° Rapport : session de Berne, 1895 ; — 2° Rapport : session de Saint-Pétersbourg, 1897 ; — 3° Rapport : session de Christiania, 1899 ; — 4° Rapport : session de Budapest, 1901 ; — 5° Rapport : session de Berlin, 1903 ; — 6° Rapport : session de Londres, 1905 ; — 7° Rapport : session de Copenhague, 1907.

Rapport *adressé au garde des sceaux, ministre de la justice, sur les* Inventaires et bilans, *fait au nom de la Commission extraparlementaire de la réforme de la législation des sociétés*. In-4, 1903.

Rapport général *fait à la Commission extraparlementaire du cadastre sur les* Travaux de la sous-commission des voies et moyens. in-4, 1904.

Rapport sur les causes économiques de la dépopulation *fait à la Commission de la dépopulation, sous-commission de la natalité*. In-4, 1905.

Finances contemporaines. Tome I : *Trente années financières, 1872-1901*; — Tome II : *Les budgets, 1872-1903*; — Tome III : *Questions économiques et financières, 1872-1904*; — Tomes IV et V : *L'obsession fiscale, 1872-1907*.

# LES ÉMISSIONS

ET

# REMBOURSEMENTS D'OBLIGATIONS

DES

## SIX GRANDES COMPAGNIES DE CHEMINS DE FER

## EN 1907

---

## PREMIÈRE PARTIE

### I

MES CHERS CONFRÈRES,

La statistique que je vous présenterai ce soir est conforme à celles que, depuis de longues années, j'ai établies et que je vous ai soumises. Le cadre est le même et, comme il suffit chaque année d'y ajouter quelques chiffres, la tâche est facile. Ce cadre permet de faire des constatations utiles, quand on rapproche les uns des autres, pour les comparer, les chiffres qu'il contient.

Dans la première partie de cette communication, je suivrai donc le même ordre que les années précédentes, en donnant les renseignements suivants :

1° Relevé total des obligations 3 °/₀ et 2 ¹/₂ °/₀ vendues en 1907 par chaque compagnie; montant produit par ces ventes;

2° Indication du nombre d'obligations 3 °/₀ vendues, par compagnie, avec les prix moyens de vente et le montant produit par ces ventes;

3° Mêmes renseignements sur les obligations 2 ¹/₂ °/₀;

4° Relevé total des obligations 2 ¹/₂ °/₀ vendues depuis leur création en 1895;

5° Relevé total des obligations remboursées en 1907 et depuis 1885;

6° Relevé général des obligations vendues depuis 1885; montant produit par ces ventes;

7° Résumé de cette statistique.

Dans la seconde partie, j'examinerai, en résumant les chiffres contenus dans cette statistique, la situation des actionnaires et des obligataires, soit au point de vue de la garantie d'intérêt, de la période d'expiration de la garantie, de la valeur des actions de jouissance en fin de concession; pourquoi les prix de vente des diverses obligations sont différents; quelles sont la sécurité et les garanties de ces titres; quels ont été les résultats des conventions de 1883 au point de vue du crédit de l'État, de celui des compagnies, du public et des actionnaires; quels ont été les bénéfices des actionnaires et ceux de l'État, etc.

Dans la troisième partie, quelques graphiques résumeront les principaux chiffres de cette statistique et montreront aussi les cours moyens des actions et des obligations des six grandes compagnies depuis 1885, le montant des dividendes distribués, etc.

## II

**Malgré la cherté des capitaux et la crise des marchés financiers, il a été vendu, en 1907, pour 263 millions d'obligations**

Pendant l'année 1907 écoulée, les six grandes compagnies de chemins de fer avaient d'importants travaux à exécuter, voies nouvelles à construire voies anciennes à améliorer, achats de matériel à effectuer, et conséquemment elles avaient de grosses dépenses pour lesquelles il leur fallait trouver les ressources nécessaires.

On pouvait se demander, étant donné la crise que le marché et que tous les marchés ont subie, la cherté générale des capitaux, la baisse de toutes ou presque toutes les valeurs à revenu fixe, l'engouement du public et de la spéculation pour les titres éruptifs et spéculatifs; étant données encore la véritable campagne de dénigrement faite contre les valeurs d'État ou touchant de près ou de loin à l'État, et les tendances du public à porter ses capitaux au dehors, sous prétexte que les projets d'impôt sur le revenu et de rachat des chemins de fer menaceraient la sécurité de l'épargne française, on pouvait se demander, disons-nous, comment les compagnies de chemins de fer, obligées par des conventions, traités ou contrats formels à se procurer, pour leurs travaux, les millions dont elles avaient besoin, pourraient se sortir de ces difficultés.

La réponse est nette, précise : elle fait honneur à l'épargne française, aux compagnies de chemins de fer ; elle montre leur crédit puissant et les abondantes ressources de nos capitalistes et rentiers.

Pendant l'année 1907, les six grandes compagnies de chemins de fer ont vendu **623 530** obligations 3 °/° et 2 ¹/₂ °/° pour un capital de **263 577 000 francs** représentant pour 300 jours environ non fériés un placement quotidien moyen de 2 078 obligations, soit près de 880 000 francs par jour.

Pendant la même période, elles ont fait face aux remboursements d'obligations et d'actions anciennes dont le montant grossit chaque année et grossira encore au fur et à mesure que nous nous rapprocherons de la fin des concessions, c'est-à-dire d'ici 1950 à 1960, soit dans quarante-deux à cinquante-deux ans.

Elles ont remboursé et amorti 324 331 obligations diverses pour un montant total de 162 194 825 francs.

Avec le montant des actions remboursées, le total des amortissements et remboursements dépasse 200 millions de francs.

Nous établissons régulièrement depuis 1885, d'après un cadre uniforme qui a été adopté par toutes les compagnies de chemins de fer, la statistique de ces émissions et remboursements. Il faut remonter aux années 1885, 1886 et 1901 pour retrouver un chiffre d'émissions aussi important que celui réalisé en 1907, avec cette différence qu'il ne faut pas oublier, c'est que rarement les placements de titres à revenu fixe ont été aussi difficiles que pendant l'année écoulée.

## III

### Montant total des obligations 2 1/2 et 3 % vendues en 1907

| | Nombre d'obligations vendues | Montant produit par ces ventes |
|---|---|---|
| Est . . . . . . . . . . | 142 700 | 60 353 541,00 |
| Lyon . . . . . . . . . | 190 180 | 81 095 737,42 |
| Midi. . . . . . . . . . . | 47 270 | 19 871 016,68 |
| Nord . . . . . . . . . | 27 568 | 12 144 705,10 |
| Orléans . . . . . . . | 131 294 | 55 203 000,00 |
| Ouest . . . . . . . . . | 84 518 | 34 909 000,00 |
| **Totaux.** . . . . . . | **623 530** | **263 577 000,20** |

Les six grandes compagnies de chemins de fer ont vendu, en 1907, 623 530 obligations 2 1/2 % et 3 %, pour un capital de 263 577 000 20, ce qui représente, pour 300 jours environ non fériés, un placement journalier moyen de 2 078 obligations pour un capital de 878 590 francs.

## IV

### Obligations 3 % vendues en 1907

| | Nombre d'obligations vendues | Prix moyen des ventes | Montant produit par ces ventes |
|---|---|---|---|
| Est . . . . . . . . | 131 700 | 425,13 | 55 989 621,00 |
| Lyon . . . . . . . . | 187 120 | 426,839 | 79 870 255,19 |
| Midi. . . . . . . . . | 41 638 | 424,12 | 17 072 019,80 |
| Nord . . . . . . . . | 23 158 | 447,136 | 10 354 767,20 |
| Orléans . . . . . . | 112 135 | 425,835 | 47 751 000,00 |
| Ouest . . . . . . . | 72 871 | 418,14 | 30 470 000,00 |
| **Totaux** . . . . . | **568 622** | » | **242 107 663,19** |

Le prix moyen de vente des obligations 3 % a été moins élevé qu'en 1906, mais il faut tenir compte de deux faits : d'une part, la faiblesse générale des titres à revenu fixe et, d'autre part, l'importance des placements d'obligations. Il avait été vendu 153 431 obligations en 1906, tandis qu'il en a été réalisé 568 622 en 1907.

Pour les prix de vente, le Nord tient, comme toujours, la tête : viennent ensuite le Lyon, l'Orléans, l'Est, le Midi, l'Ouest. Les prix de vente de l'Ouest s'entendent comme prix net, déduction faite des intérêts courus et de tous frais.

Pour l'Orléans, les prix de vente indiqués sont également des prix moyens *nets*.

Pour le Lyon, les prix de vente s'entendent également courtage et intérêts courus déduits.

En réalité, les prix de vente des obligations, — défalcation faite de celles du Nord qui portent sur de faibles quantités et de celles de l'Ouest sur lesquelles le public s'est d'autant moins porté que les menaces de rachat étaient plus vives, — s'établissent entre 424 et 426 francs, soit à 425 francs en chiffres ronds.

| Ces prix de vente avaient été de . . . . . | 459f 50 en 1902 |
|---|---|
| — — . . . . . | 453 en 1903 |
| — — . . . . . | 449 50 en 1904 |
| — — . . . . . | 448 06 en 1905 |
| — — . . . . . | 440 68 en 1906 |

## V

### Obligations 2 1/2 % vendues en 1907

| | Nombre d'obligations vendues | Prix moyen des ventes | Montant produit par ces ventes |
|---|---|---|---|
| Est . . . . . . . | 11 000 | 396,72 | 4 363 920,00 |
| Lyon . . . . . . | 3 060 | 400,484 | 1 225 482,23 |
| Midi. . . . . . | 5 632 | 390,447 | 2 198 996,88 |
| Nord . . . . . . | 4 410 | 405,882 | 1 789 937,90 |
| Orléans . . . . . | 19 159 | 388,965 | 7 452 000,00 |
| Ouest . . . . . | 11 647 | 381,13 | 4 439 000,00 |
| **Totaux** . . . | **54 908** | » | **21 469 337,01** |

De même que pour les obligations 3 %, le Nord tient la tête. Viennent ensuite le Lyon, l'Est, le Midi, l'Orléans et l'Ouest. Le prix de vente a varié de 405ᶠ882 pour le Nord à 381ᶠ13 pour l'Ouest, soit un prix moyen de 393ᶠ50, si on comprend le Nord, et de 390ᶠ81 si on comprend seulement les autres compagnies.

Le prix moyen de vente des obligations 2 ½ % avait été :

De 410ᶠ50 en 1903     De 415ᶠ388 en 1905
De 407ᶠ21 en 1904     De 415ᶠ695 en 1906

## VI

### Nombre d'obligations 2 1/2 % vendues depuis 1895

Voici, depuis 1895, quel a été annuellement le nombre d'obligations 2 ½ % vendues par chaque compagnie :

| Années | Est | Lyon | Midi | Nord | Orléans | Ouest |
|---|---|---|---|---|---|---|
| 1895. . . . | » | » | » | » | 25 864 | » |
| 1896. . . . | » | 33 162 | » | 7 164 | 24 802 | » |
| 1897. . . . | 8 960 | 33 831 | 35 387 | 27 208 | 49 328 | 65 502 |
| 1898. . . . | 27 860 | 55 835 | 36 256 | 21 688 | 72 679 | 67 998 |
| 1899. . . . | 16 220 | 45 896 | 75 586 | 36 700 | 74 675 | 81 328 |
| 1900. . . . | 18 780 | 40 441 | 27 360 | 28 303 | 159 809 | 74 987 |
| 1901. . . . | 20 260 | 29 621 | 12 930 | 19 791 | 26 786 | 37 429 |
| 1902. . . . | 17 520 | 50 988 | 10 647 | 8 577 | 20 986 | 11 608 |
| 1903. . . . | 13 120 | 18 242 | 6 219 | 8 815 | 18 837 | 14 314 |
| 1904. . . . | 14 940 | 30 725 | 4 646 | 6 611 | 15 193 | 5 930 |
| 1905. . . . | 14 900 | 13 429 | 1 989 | 4 389 | 11 294 | 5 200 |
| 1906. . . . | 12 000 | 1 711 | 599 | 1 496 | 9 121 | 5 350 |
| 1907. . . . | 11 000 | 3 060 | 5 632 | 4 410 | 19 159 | 11 647 |

Si l'on totalise maintenant le nombre d'obligations 2 ½ % vendues chaque année par les six compagnies, on arrive au chiffre suivant :

| Années | Nombre |
|---|---|
| 1895. . . . . . . . . . . . . | 25 864 |
| 1896. . . . . . . . . . . . . | 65 128 |
| 1897. . . . . . . . . . . . . | 220 216 |
| 1898. . . . . . . . . . . . . | 282 316 |
| 1899. . . . . . . . . . . . . | 330 405 |
| 1900. . . . . . . . . . . . . | 349 700 |
| 1901. . . . . . . . . . . . . | 146 817 |
| 1902. . . . . . . . . . . . . | 120 328 |
| 1903. . . . . . . . . . . . . | 79 547 |
| 1904. . . . . . . . . . . . . | 78 045 |
| 1905. . . . . . . . . . . . . | 51 201 |
| 1906. . . . . . . . . . . . . | 30 277 |
| 1907. . . . . . . . . . . . . | 54 908 |
| **Total**. . . . . . . . | **1 834 750** |

## VII

### Nombre et montant total des obligations remboursées

En 1907, les six grandes compagnies ont amorti et remboursé 324 331 obligations diverses pour un capital de 162 191 825 francs.

En voici le détail :

| | | Nombre d'obligations | Montant |
|---|---|---|---|
| Est......... | Obligations 3 %....... | 38 822 | 19 411 000 |
| | — 2 ½....... | 1 720 | 860 000 |
| | — diverses..... | 6 255 | 3 595 200 |
| Lyon........ | Obligations 3 %....... | 92 481 | 46 240 500 |
| | — 2 ½....... | 4 033 | 2 016 500 |
| | — diverses..... | 1 459 | 1 036 875 |
| Midi........ | Obligations 3 %....... | 27 824 | 13 375 000 |
| | — 2 ½....... | 2 782 | 965 000 |
| | — diverses..... | » | » |
| Nord........ | Obligations 3 %....... | 38 967 | 19 299 000 |
| | — 2 ½....... | 2 124 | 1 055 000 |
| | — diverses..... | 1 014 | 509 000 |
| Orléans...... | Obligations 3 %....... | 49 384 | 24 692 000 |
| | — 2 ½....... | 5 200 | 2 600 000 |
| | — diverses..... | 2 272 | 1 260 500 |
| Ouest........ | Obligations 3 %....... | 46 021 | 23 010 500 |
| | — 2 ½....... | 3 595 | 1 797 500 |
| | — diverses..... | 398 | 468 250 |
| | | **324 331** | **162 191 825** |

Les six grandes compagnies ont remboursé, en 1907, 162 millions d'obligations diverses alors qu'elles en ont placé pour 963 millions. Comme nous l'avons déjà fait remarquer, les obligations placées en 1907 devront être remboursées et amorties dans le même délai que les anciennes obligations, ce qui augmente d'autant les charges des compagnies, car un emprunt remboursable dans une période courte nécessite une annuité d'amortissement plus élevée que pour une période longue.

D'autre part, on peut estimer, d'après le prix auquel les *obligations diverses* qui sont remboursées aujourd'hui à 500 francs ont pu être acquises, que ce remboursement représente pour le porteur de titres une plus-value, sur le capital, de 25 % en moyenne.

Sur un ensemble de remboursement d'obligations s'élevant à 162 millions, le bénéfice pour l'épargne française ne serait pas moindre de 40 millions. Après avoir reçu un intérêt régulier, normal, rémunérateur, l'obligation voit son capital accru de 2 ½ % par le seul jeu de l'amortissement. On n'a pas besoin, on le voit, avec ce genre de placement, de courir après les aventures, ni de rechercher les valeurs américaines ou autres titres exotiques. En restant tranquillement en France, on perçoit régulièrement son revenu et on améliore son capital.

## VIII

### Nombre total et montant d'obligations amorties et remboursées depuis 1885

D'après nos statistiques antérieures, il a été amorti :

| | | |
|---|---|---|
| De 1885 à 1891..... | 450 | millions d'obligations |
| De 1892 à 1898..... | 782 | — |
| De 1899 à 1905..... | 962 | — |
| En 1906 et 1907..... | 318 | — |

L'ensemble des amortissements d'obligations effectués depuis 1885 atteint presque 2 milliards 500 millions. Avec l'amortissement des actions, l'ensemble des amortissements atteint, en chiffres ronds, 3 milliards.

De 1885 à 1891, la moyenne annuelle des rembourse-
ments d'obligations représente. . . . . . . . .   64,3 millions
De 1892 à 1898 cette moyenne annuelle représente .   104,5  —
De 1899 à 1905      —         —       .   140,3  —
En 1906 et 1907      —         —       .   159,0  —

Ces amortissements grossissent d'année en année et augmenteront d'autant plus que l'on se rapprochera de la fin des concessions des compagnies. D'ici 1950 à 1960 au plus tard, c'est-à-dire d'ici quarante-deux à cinquante-deux ans, tous les emprunts des compagnies, anciens et nouveaux, devront être amortis et remboursés. Il n'y aura plus alors ni actionnaires, ni obligataires. L'État restera seul propriétaire du réseau de ses grandes compagnies. Ce réseau, à l'heure actuelle, distribue annuellement en dividendes, intérêts et amortissement près de 815 millions.

Les derniers chiffres officiels publiés dans les statistiques du Ministère des travaux publics et s'appliquant à l'année 1904 sont les suivants :

|  | Dividendes et intérêts | Amortissement | Total |
|---|---|---|---|
| Actions. . . . . . . . | 153 334 216ᶠ | 6 027 403ᶠ | 159 353 619ᶠ |
| Obligations . . . . . | 503 371 960 | 151 748 325 | 655 120 185 |
| Totaux. . . . . . | 656 706 176ᶠ | 157 775 728ᶠ | 814 473 804ᶠ |

L'État est donc, à l'heure actuelle, propriétaire usufruitier d'une rente minima de 815 millions à échéance de quarante-deux à cinquante-deux ans au maximum. Capitalisée à 3 °/₀, cette rente de 815 millions représente un capital de 28 milliards, c'est-à-dire 1 milliard de plus que le montant de la dette publique consolidée 3 °/₀ et de la dette 3 °/₀ amortissable.

L'État sera propriétaire d'un immense domaine industriel, compensant sa dette publique. Pour qu'il en soit ainsi, il suffit que les pouvoirs publics aient la sagesse de ne pas compromettre un tel actif en le dépréciant par des surcharges imposées aux compagnies, par des menaces de rachat, etc. Tout ce qui pourrait nuire au crédit des compagnies et à leur situation portera inévitablement atteinte à la valeur future d'un réseau dont l'État sera le propriétaire absolu dans la seconde moitié de ce siècle. « Les partisans du rachat par l'État, écrivions-nous ici même le 27 septembre 1905, ressemblent à des enfants prodigues qui gaspilleraient un capital amassé par le travail, l'épargne et la prévoyance, sans avoir le moindre souci de l'avenir. »

Voici, année par année, et en détail, d'après notre statistique annuelle, le nombre total et le montant des obligations amorties et remboursées depuis 1892 :

| Années | Nombre d'obligations amorties | Montant en capital | Années | Nombre d'obligations amorties | Montant en capital |
|---|---|---|---|---|---|
|  |  | francs |  |  | francs |
| 1892. . . | 177 290 | 92 896 500 | 1900. . . | 251 859 | 127 299 400 |
| 1893. . . | 184 333 | 95 451 475 | 1901. . . | 261 740 | 132 617 375 |
| 1894. . . | 197 721 | 101 643 475 | 1902. . . | 277 374 | 139 035 200 |
| 1895. . . | 202 643 | 104 470 175 | 1903. . . | 287 316 | 147 509 375 |
| 1896. . . | 211 073 | 108 916 525 | 1904. . . | 299 597 | 153 850 950 |
| 1897 | 222 099 | 110 525 125 | 1905. . . | 308 385 | 158 521 900 |
| 1898. . . | 230 099 | 118 983 900 | 1906. . . | 313 252 | 156 587 000 |
| 1899. . . | 238 613 | 123 790 000 | 1907. . . | 324 331 | 162 191 825 |

### Relevé général des obligations vendues depuis 1885

Voici, d'autre part, le relevé général des obligations vendues depuis 1885 :

| Années | Obligations vendues | Total du prix de vente |
|---|---|---|
| | | Millions |
| 1885. . . . . . . . . . | 750 752 | 283,6 |
| 1886. . . . . . . . . . | 873 992 | 336,0 |
| 1887. . . . . . . . . . | 434 396 | 168,4 |
| 1888. . . . . . . . . . | 496 743 | 197,2 |
| 1889. . . . . . . . . . | 575 926 | 232,8 |
| 1890. . . . . . . . . | 463 484 | 198,8 |
| 1891. . . . . . . . . | 340 510 | 150,8 |
| 1892. . . . . . . . . | 420 153 | 191,0 |
| 1893. . . . . . . . . | 557 094 | 254,6 |
| 1894. . . . . . . . . | 408 541 | 188,0 |
| 1895. . . . . . . . | 208 958 | 97,4 |
| 1896. . . . . . . . . | 212 230 | 98,3 |
| 1897. . . . . . . . . | 238 187 | 107,6 |
| 1898. . . . . . . . . | 282 316 | 125,6 |
| 1899. . . . . . . . . | 446 096 | 191,8 |
| 1900. . . . . . . . . | 817 006 | 349,6 |
| 1901. . . . . . . . . | 656 087 | 291,5 |
| 1902. . . . . . . . . | 433 971 | 194,3 |
| 1903. . . . . . . . . | 346 752 | 153,6 |
| 1904. . . . . . . . . | 300 470 | 131,2 |
| 1905. . . . . . . . | 169 071 | 75,1 |
| 1906. . . . . . . . | 153 431 | 67,0 |
| 1907. . . . . . . . . | 623 530 | 263,6 |
| Totaux. . . . . . | 10 209 626 | 4 347,2 |

## DEUXIÈME PARTIE

## IX

### Résumé de cette statistique et considérations générales

1° Les six grandes compagnies de chemins de fer ont vendu, en 1907, un nombre total de **623 530** obligations 3 °/₀ et 2 ¹/₂ °/₀ représentant un capital de **263 millions 577 000 francs** ;

2° Le nombre d'obligations 3 °/₀ vendues a été de **568 622** pour un capital de **242 107 000 francs**. Le prix moyen de vente, sans tenir compte de celles du Nord et de l'Ouest, pour les raisons que nous avons expliquées, peut s'établir vers 425 francs ;

3° Le nombre d'obligations 2 ¹/₂ °/₀ vendues a été de **54 908** pour un capital de **21 469 000 francs**. Le prix moyen de vente a varié de 405ᶠ 882 pour le Nord à 381ᶠ 13 pour l'Ouest ;

4° Depuis 1895, date de la création de ce nouveau type de titres, les six compagnies ont vendu **1 834 750** obligations 2 ¹/₂ °/₀ ;

Elles répondent aux goûts du public en émettant à la fois des obligations 3 °/₀ et des obligations 2 $\frac{1}{2}$ °/₀, ou bien en émettant seulement l'une ou l'autre catégorie de ces obligations. Les obligations 3 °/₀ donnent quelques centimes pour cent de plus de revenu que les obligations 2 $\frac{1}{2}$ °/₀, mais ces dernières offrent une prime plus élevée au remboursement que les obligations 3 °/₀. En combinant les achats d'obligations 3 °/₀ et 2 $\frac{1}{2}$ °/₀ des six grandes compagnies, le capitaliste ou rentier peut se constituer un placement d'une sécurité absolue, rapportant plus de 3 °/₀ net, donnant 20 à 25 °/₀ de plus-value, au moment du remboursement, et ayant des coupons d'intérêt presque tous les mois ;

5° Pendant l'année 1907, les six grandes compagnies ont remboursé 162 millions d'obligations diverses. Avec le montant des actions remboursées, le total des amortissements effectués dépasse 200 millions de francs ;

6° La moyenne annuelle des remboursements d'obligations, qui était de 64,3 millions, de 1885 à 1891, atteint aujourd'hui 160 millions en chiffres ronds. Le moment approche où, par le jeu automatique de l'amortissement, le montant annuel des obligations remboursées atteindra et dépassera 200 millions ;

7° Depuis 1885, les six grandes compagnies ont vendu et placé, par leurs procédés habituels de placement, sans peser sur les cours des autres valeurs, sans nuire à l'ascension des cours de nos rentes, 10 209 626 obligations, pour un capital de 4 milliards 347 millions ;

8° Pendant le même laps de temps, le nombre de kilomètres de chemins de fer d'intérêt général, qui était de 30 491 kilomètres en 1885, atteint aujourd'hui 40 000 kilomètres ;

9° Pendant la même période, les compagnies ont amorti et remboursé sur leurs anciens emprunts plus de 3 milliards ;

10° A l'heure actuelle, l'État est propriétaire usufruitier d'un immense domaine industriel qui paie annuellement plus de 800 millions à ses actionnaires et obligataires et qui lui appartiendra en entier, sans bourse délier, dans quarante-deux à cinquante-deux ans, à la fin des concessions. Cette fortune est l'équivalent du montant de la dette publique consolidée en 3 °/₀ et en rente 3 °/₀ amortissable ;

11° L'intérêt de l'État, du public, des actionnaires et obligataires, de tous les contribuables, est que les pouvoirs publics consolident cette fortune et, au lieu d'alarmer ceux qui la détiennent, lui inspirent confiance, puisque toute cette fortune reviendra à l'État ;

12° Voici les dates d'expiration des concessions et celles à partir desquelles l'État s'est réservé le droit de racheter les concessions ; le revenu réservé aux actionnaires ; l'expiration de la période de garantie :

| Compagnies | Dates | | Revenu réservé aux actionnaires | | | |
| | Expiration de la concession | Droit de rachat | pour le calcul de la garantie de l'État | | pour le partage des bénéfices | |
| | | | Total | Par action | Total | Par action |
| | | | Millions | Francs | Millions | Francs |
| Nord . . . . . | 31 déc. 1950 | 1867 | 28 400 | 54,10 | 46 462,5 | 88,50 |
| Est. . . . . . | 28 nov. 1954 | 1870 | 20 750 | 35,50 | 29 500 | 50,50 |
| Ouest. . . . . | 31 déc. 1956 | 1884 | 11 550 | 38,50 | 15 000 | 50,00 |
| Orléans . . . . | 31 — 1956 | 1873 | 33 600 | 56,00 | 43 200 | 72,00 |
| Lyon . . . . . | 31 — 1958 | 1875 | 44 000 | 55,00 | 54 000 | 67,50 |
| Midi . . . . . | 31 — 1960 | 1877 | 12 500 | 50,00 | 15 006 | 60,00 |

La date d'expiration de la garantie est fixée comme suit :

| | |
|---|---|
| **Nord** . . . . . . . . . | 31 décembre 1914 |
| **Lyon** . . . . . . . . . | 31 — 1914 |
| **Est**. . . . . . . . . . | 31 — 1934 |
| **Ouest**. . . . . . . . | 31 — 1935 |

Pour l'Orléans et le Midi, la statistique des chemins de fer français publiée par le ministère des travaux publics continue à indiquer, malgré l'arrêt du Conseil d'État, malgré les débats retentissants qui ont eu lieu, la date du 31 décembre 1914 comme celle de l'expiration de la garantie d'intérêt, alors que l'arrêt du Conseil d'État reconnaît, sans conteste, que cette date expire en même temps que la concession, c'est-à-dire le 31 décembre 1956 pour l'Orléans et le 31 décembre 1960 pour le Midi.

Cette persistance d'une administration de l'État à paraître vouloir ne tenir aucun compte de l'arrêt rendu par la plus haute juridiction du pays ressemble à une véritable insurrection contre cette juridiction que les pouvoirs publics devraient être les premiers à respecter.

Pour les compagnies secondaires ayant la garantie de l'État, la durée de cette garantie est égale à celle de la concession, qui expire en 1984 et 1985 pour le Sud de la France et le réseau des chemins de fer départementaux, et qui est expirée depuis le 20 août 1892 pour les Chemins de fer Économiques.

Quant aux compagnies n'ayant pas la garantie de l'État, la date d'expiration de la concession est la suivante :

| | |
|---|---|
| Enghien-Montmorency . . . . . . . . . . . . . . | 1947 |
| Somain-Anzin ; Hazebrouck-frontière . . . . . . . . . . . . | 1949 |
| Médoc . . . . . . . . . . . . . . . . . . . . . | 1965 |
| Chauny à Saint-Gobain . . . . . . . . . . . . . . . . | 1966 |
| Wassy à Saint-Dizier . . . . . . . . . . . . . . . | 1967 |
| Nancy-Château-Salins ; Bazancourt ; Épernay-Romilly ; Port-Marseille . | 1970 |
| Nancy à Vézelise . . . . . . . . . . . . . . . . . | 1971 |

13° A l'expiration des concessions, l'État, *sans bourse délier,* par le seul fait de l'expiration de ces concessions, sera subrogé à tous les droits sur le chemin de fer et entrera immédiatement dans la jouissance de tous ses produits.

Il n'aura à payer, — d'après l'article 26 du cahier des charges, — *si la compagnie le requiert, et après estimation à dire d'experts,* que les objets mobiliers, matériel roulant, combustibles, approvisionnements, et encore sous déduction des sommes que la compagnie pourrait devoir à l'État à un titre quelconque.

Comme il ne restera plus que des actions de jouissance en circulation, ce sont ces actions qui auront à se partager l'actif liquide des compagnies, tel que cet actif est déterminé par l'article 36 du cahier des charges.

Pour le Lyon, l'amortissement des actions finira en 1954, cinq ans avant l'expiration de la concession; pour l'Est et l'Ouest, cet amortissement finira en 1950 et 1952, quatre ans avant la fin de la concession ; pour le Nord seul l'amortissement des actions finit en même temps que concession.

Les bénéfices nets que ces compagnies réaliseront pendant cette période transitoire de quatre ans et cinq ans appartiendront aux actions de jouissance, à moins encore, suivant l'article 36 du cahier des charges, que l'État ne « *saisisse ces revenus pour les employer à rétablir en bon état le chemin de fer et ses dépendances »* ; à moins encore que ces recettes n'aient été gagées par un emprunt, ou bien qu'elles ne soient employées, avec le produit des biens mobiliers et du domaine privé des compagnies, au remboursement des sommes qu'elles pourraient devoir à l'État.

Ainsi, l'action de jouissance des compagnies de chemins de fer a droit :

1° Au dividende distribué à l'action, jusqu'à l'amortissement ;

Et, éventuellement, sous les réserves contenues dans le cahier des charges :

2° Au prorata des biens mobiliers, matériel roulant, approvisionnements, etc., qui pourront exister en fin de concession, et que l'État aura la faculté de reprendre, à dire d'experts ;

3° Au prorata des bénéfices nets que les compagnies pourront réaliser dans la période transitoire s'écoulant entre le remboursement total de leurs actions et obligations et la fin de leurs concessions.

Cet actif disponible sera plus ou moins élevé et n'appartiendra aux actions de jouissance qu'autant que les compagnies auront payé tout ce qu'elles doivent à l'État du fait de la garantie d'intérêt ou de ses avances. Il y aura compte à faire entre l'État et les compagnies avant d'arriver au règlement final.

## X

### Pourquoi les prix de vente des obligations sont-ils différents ?

Les prix de vente des obligations en 1907 sont inférieurs à ceux de 1906 et présentent entre les diverses compagnies des différences sensibles. Il en a été à peu près de même tous les ans et il ne peut en être autrement. Les compagnies n'effectuent pas uniformément leurs placements d'obligations aux mêmes dates, la jouissance d'intérêts des obligations vendues varie suivant l'époque même à laquelle le placement est effectué. Telle compagnie vend à ses guichets des obligations jouissance janvier-juillet, telle autre jouissance avril et octobre. Une obligation vendue en juin, avec coupon payable en juillet, sera négociée plus cher qu'une même obligation vendue en août, ex-coupon. D'autre part, les ventes d'obligations ont été plus nombreuses en 1907 qu'en 1906 et les prix de vente ont dû s'en ressentir. Les fluctuations de la rente, le fléchissement des titres à revenu fixe, ont pesé sur les cours des obligations de chemins de fer.

En 1907, les obligations de l'Ouest 3 °/₀ et 2 ¹/₂ °/₀ ont été vendues à des prix beaucoup plus bas que ceux des obligations des autres compagnies. Les menaces de rachat, qui effraient le public, en sont la cause, car à l'heure actuelle, le détenteur d'une obligation possède une double garantie : celle de la compagnie, dont les recettes nettes dépassent amplement les sommes nécessaires au service de l'intérêt et de l'amortissement ; puis la garantie de l'État, sous forme d'avances remboursables pour payer aux actionnaires un minimum de revenu : or, il ne pourrait être distribué un centime aux actionnaires avant que le service des obligataires fût assuré.

Au lendemain du rachat, quelle serait la situation des obligataires ? Les obligataires auraient comme débiteur, l'État. L'annuité de rachat que l'État devrait payer devrait servir tout d'abord à assurer les intérêts et l'amortissement des obligations. L'État remettrait aux ayants droit ou à leurs représentants une annuité qui devrait être suffisante pour assurer ce service. Mais il n'en est pas moins vrai qu'à l'heure actuelle, les obligataires possèdent deux garanties et qu'au lendemain du rachat ils n'en posséderaient qu'une seule : celle de l'État. Cette différence explique pourquoi les obligations de la Compagnie de l'Ouest, menacées du rachat, se négocient plus bas que celles des autres compagnies ([1]).

## XI

### Sécurité et garantie des obligations

Il y a quelques années, la cote officielle des agents de change, en mentionnant les cours quotidiens des obligations de chemins de fer, ajoutait à la suite de plusieurs d'entre elles : « *garanties par l'État ;* ou bien *intérêts et amortissement garantis par l'État* ». Brusquement, du jour au lendemain, ces mentions ont été remplacées par les suivantes : « *garantie de l'État dans les conditions déterminées par les lois et conventions en vigueur* ». Il est certain cependant que garanti *par* l'État et garantie *de* l'État ce n'est pas la même chose ; il y a une nuance. Il est heureux que les compagnies de chemins de fer, par l'excédent de leurs recettes sur leurs dépenses, aient une garantie qui leur soit personnelle et qui leur permette, en ce qui concerne leurs obligations notamment, de n'avoir pas besoin de garantie autre que la leur ; il peut dès lors leur être indifférent qu'elles soient mentionnées garanties *par* l'État ou avec une garantie *de* l'État. Mais de tels procédés ne risqueraient-ils pas de nuire au crédit des compagnies qui appartiendront à l'État, dans quarante-deux à cinquante ans, c'est-à-dire, à cinq ans près, dans la même période de temps écoulée depuis 1870, année qui est toujours si près de nous par les souvenirs qu'elle évoque ! Aujourd'hui, la cote officielle mentionne une seule obligation qui porte « intérêts et amortissement garantis *par* l'État », c'est celle des chemins de fer et du port de la Réunion. Même les obligations algériennes d'Aïn-Thizy à Mascara, de Méchéria à Aïn-Sefra, de Mosbah à Méchéria, de Mostaganem à Tiaret, lignes de l'ancienne Compagnie franco-algérienne qui ont été rachetées et payées *par* l'État, et dont la charge d'intérêt et d'amortissement incombe à l'État seul puisqu'il en est seul propriétaire, portent la mention suivante : « garantie *de* l'État conformément à la loi du 15 avril 1885 ».

Autre exemple encore. Quand les actions et obligations Bône à Guelma ont été émises, elles ont été inscrites à la cote avec la mention : « garanties *par* l'État ». Cette mention a été modifiée par celle de : « garantie *de* l'État ».

Quelles que soient ces différences, elles n'ont qu'une importance relative, car on peut dire, avec preuves à l'appui, qu'un des placements français les plus sûrs et les mieux garantis a toujours été et sera toujours — à moins de supposer que l'État ne viole les engagements et conventions contractés — celui qui consiste purement et simplement à mettre en portefeuille et à conserver des obligations des six grandes compagnies de chemins de fer français.

On n'a pas fait et on ne fera pas fortune, avons-nous dit souvent, avec de semblables titres : mais, du moins, on ne se ruinera pas et on n'aura pas la crainte de voir un jour son capital anéanti. Quand on relève les plus hauts et les plus bas cours

---

([1]) Depuis plusieurs années, dans nos statistiques sur les chemins de fer, nous avons montré, à diverses reprises, le côté tout particulier de la question du rachat des chemins de fer et de ses conséquences pour les obligataires (Voir notamment le *Rentier* du 27 janvier 1903).

des obligations, depuis leur création, on voit que les prix extrêmes ont été de 490 à 495 francs en 1897, au plus haut, à 250 francs, au plus bas, en 1871. Le plus haut cours coté a été de 350 à 360 francs, sous l'Empire. De 1871 à 1890, on a pu acquérir des obligations entre les prix de 250 à 400 francs. Depuis une dizaine d'années, sans parler des prix exceptionnels de 1907, les prix se sont établis dans les 430 à 460 francs. En ce moment, les cours sont aux environs de 430 francs. Un capitaliste qui aurait acheté des obligations avant la guerre de 1870 aurait régulièrement perçu 4 à 4 $\frac{1}{2}$ °/₀ de son capital, sans compter la prime au remboursement qu'il aurait reçue dans le cas où l'un de ses titres serait sorti remboursable. Celui qui aurait acheté des obligations dans la période comprise entre 1871 et 1880 aurait déboursé 250 à 375 francs par obligation. Il aurait perçu encore plus de 4 °/₀, sans compter le bénéfice du remboursement au pair. Les obligations, malgré la surcharge d'impôt qu'elles acquittent depuis la guerre, rapportent plus de 3 °/₀ net et donnent une prime au remboursement de 70 francs qui représente bien près de 17 °/₀ du capital déboursé. Ce sont là des avantages sérieux que le rentier prudent doit considérer.

Il n'y a aucune assimilation à faire entre les obligations des six grandes compagnies de chemins de fer français : Est, Lyon, Midi, Nord, Orléans et Ouest, et la plupart des obligations de chemins de fer étrangers ou autres, et surtout avec les obligations des chemins de fer américains sur lesquelles, dans ces dernières années, l'épargne moyenne de notre pays s'est portée trop inconsidérément. C'est ce que nous avons maintes fois répété et c'est ce qu'il n'est pas inutile de répéter encore.

Les obligations 3 °/₀ des six grandes compagnies de chemins de fer français ont été créées dans la seconde moitié du siècle dernier. Dans ce long espace de temps, des événements graves, politiques et financiers, intérieurs et extérieurs, se sont produits. Jamais le service des intérêts ni de l'amortissement de ces titres n'a subi une seconde de retard. Ni en 1848, ni en 1852 lors d'un changement de régime politique, ni en 1855, 1859, en 1867, 1870, lors des guerres de Crimée, d'Italie, du Mexique, d'Allemagne, ni en 1871 lors de la Commune, leur sécurité n'a pu être mise en doute. Elles ont subi des fluctuations en hausse et en baisse, comme toutes les valeurs mobilières : mais leurs détenteurs qui les ont conservées en portefeuille, leurs héritiers qui les ont reçues, les capitalistes qui les ont acquises pour employer leurs disponibilités, n'ont jamais pu concevoir d'inquiétudes sur le sort réservé à leur placement. La Banque de France consent des avances sur ces obligations jusqu'à concurrence de 80 °/₀ de leur valeur vénale. Elles ont, à la Bourse de Paris, un large marché. Aux plus hauts cours cotés en 1870, avant la guerre, les obligations des six grandes compagnies auraient coûté 2 155 francs : elles valent aujourd'hui environ 2 600 francs, soit une plus-value de 445 francs, soit de plus de 20 °/₀. Et cependant, pendant la même période, les impôts qui frappaient les titres mobiliers ont augmenté.

La sécurité que présentent les obligations des six grandes compagnies est complète : elles sont mises en portefeuille, à l'égal des rentes sur l'État, par les compagnies d'assurances sur la vie et contre l'incendie, les caisses de retraites, la Caisse des dépôts et consignations, de nombreuses sociétés de prévoyance, de secours mutuels, de capitalisation, de fondations laïques ou religieuses.

Cette sécurité s'appuie sur des garanties bien précises :

1° Celle de l'État qui a garanti un minimum de revenu à l'action ; l'actionnaire ne peut être payé qu'autant que les dettes sociales, c'est-à-dire celles des obligations, sont assurées ;

2° La garantie personnelle aux compagnies et qui résulte de leurs recettes. Ces recettes dépassent bien au delà les sommes nécessaires au service des intérêts et du remboursement des obligations ;

3° Elles sont remboursables par tirages annuels à 500 francs, que ce soit dans un an, cinq ans, dix ans, etc. ;

4° En supposant que l'État, usant de son droit de rachat, rachète les compagnies avant la date d'expiration de la concession, il serait impossible, à moins d'un déni de justice et d'une violation des contrats, de ne pas maintenir aux obligataires, qui sont des créanciers, les mêmes droits et avantages que ceux qu'ils possèdent aujourd'hui. On pourrait discuter — et on discuterait assurément sur ce qui pourrait revenir, en plus ou en moins, aux actionnaires, — mais les droits des obligataires ne sauraient être méconnus.

Ces droits sont, d'une part, les 15 francs d'intérêt annuel, et, d'autre part, le remboursement à 500 francs par voie de tirages annuels d'ici la fin de la concession. Quand l'État a racheté plusieurs compagnies secondaires comme les Charentes, la Vendée, etc., pour se constituer le réseau d'État actuel, les droits des obligataires ont été sauvegardés. Il n'en pouvait être autrement et il ne pourrait en être autrement dans le cas où l'État rachèterait telle ou telle compagnie, car, en lésant les porteurs de titres, il porterait de lui-même atteinte à son crédit.

## XII

### Les conventions de 1883 — Le crédit de l'État et celui des compagnies

Il y aura, cette année, vingt-cinq ans écoulés depuis que les conventions de 1883, ces conventions « scélérates » comme on les a qualifiées, « libératrices » comme les a dénommées M. Rouvier, existent et fonctionnent. On peut aujourd'hui les apprécier, les juger, par des faits et des chiffres précis, et ces chiffres se trouvent précisément dans ces statistiques annuelles des émissions et remboursements d'obligations que les compagnies effectuent tous les ans et que nous établissons régulièrement sur un cadre uniforme, bien avant et depuis cette époque.

Que serait devenu le crédit de l'État, à quels cours se négocieraient les rentes, si, en l'absence de ces conventions si attaquées, l'État avait été obligé, tous les ans, quels que soient les événements politiques ou financiers, quels qu'aient été l'abondance, le bon marché ou la diminution et la cherté des capitaux disponibles, de faire appel au crédit et d'emprunter coûte que coûte et quand même pour terminer des travaux en cours ou exécuter ceux qui ont été décidés ? Que seraient devenus les cours des rentes, s'il avait fallu en émettre pour 336 millions comme en 1886, pour 254 millions comme en 1893, pour 349 millions comme en 1900 ou bien encore pour 263 millions comme l'an dernier, en pleine crise mondiale ? Jamais nos rentes n'auraient pu aussi facilement atteindre et dépasser le pair et permettre ainsi la réalisation des conversions de 1893 et de 1902.

Les compagnies de chemins de fer, grâce à leur crédit personnel, grâce aussi à l'excédent de leurs recettes sur leurs dépenses, ont pu placer, sans bruit, pour 4 347 millions d'obligations depuis 1885 et, dans la même période, elles ont amorti tant en actions qu'en obligations 3 milliards ! Elles ont pu réaliser ces opérations de crédit sans nuire un instant à celles du Trésor, sans enrayer la hausse de nos fonds d'État. Grâce aux capitaux considérables qui ont été ainsi obtenus par les compagnies, le réseau des lignes d'intérêt général en exploitation n'a cessé de s'accroître chaque année, et le programme Freycinet de 1878 a pu être réalisé. Fin 1883, nous avions 28 047 kilomètres de chemins de fer en exploitation; fin 1906, nous en avions 39 772 kilomètres.

La longueur annuelle des lignes d'intérêt général mises en exploitation depuis vingt et un ans seulement a été ([1]) :

| | |
|---|---|
| De 1886 à 1892 . . . . | 4 662 kilomètres |
| De 1893 à 1899 . . . . | 2 617 — |
| De 1900 à 1906 . . . . | 1 896 — |
| Total . . . . | 9 175 kilomètres |

Pendant la même période, les tarifs des chemins de fer ont été abaissés dans de fortes proportions, grâce aux conventions de 1892, alors que M. Yves Guyot était ministre des travaux publics et M. Rouvier ministre des finances. On voyage plus vite et à meilleur marché aujourd'hui. Voici, depuis 1883, les améliorations obtenues :

| Paris à : | Durée du trajet | | Prix des places | | Diminution du prix |
|---|---|---|---|---|---|
| | Express ou rapides | | 3e classe | | |
| | 1883 | 1907 | 1883 | 1907 | |
| | heures | heures | fr. c. | fr. c. | fr. c. |
| Calais . . . . . . | 5,22 | 3,20 | 20,10 | 14,55 | 5,55 |
| Lille . . . . . . | 4,00 | 2,55 | 16,90 | 12,15 | 4,75 |
| Châlons-sur-Marne . | 3,20 | 1,56 | 11,70 | 8,55 | 3,15 |
| Troyes . . . . . . | 3,21 | 2,06 | 11,70 | 8,25 | 3,45 |
| Marseille . . . . | 15,23 | 12,14 | 59,00 | 42,50 | 16,50 |
| Bordeaux . . . . | 10,45 | 6,53 | 39,15 | 29,00 | 10,15 |
| Le Havre . . . . | 4,18 | 2,45 | 21,00 | 11,25 | 9,75 |

Les voyageurs qui prennent des trains omnibus ou des trains de plaisir ont vu, tout à la fois, diminuer la durée et le coût des voyages. Des billets à prix réduits pour les ouvriers et les employés ont été établis dans les trains de banlieue; les billets dits de « bains de mer » ou de « voyages circulaires » comportent de nombreuses réductions de tarifs. Les compagnies ont fait tout ce qu'il dépendait d'elles pour faciliter au public des voyages plus rapides, plus confortables et moins coûteux.

## XIII

### Résultats tangibles et visibles des conventions de 1883

Les résultats tangibles et visibles des conventions de 1883 ont donc été les suivants :

1° Mise à exécution du plan Freycinet, conçu dans une heure d'enthousiasme — plan qui a été si vivement attaqué pendant les premières années, et dont on ne peut méconnaître aujourd'hui l'utilité ;

2° Construction et mise en exploitation de 10 000 kilomètres de voies ferrées; le

---

([1]) Voir la *Notice sur la Périodicité des crises commerciales et ses rapports avec l'exploitation des chemins de fer français*, par G. VILLAIN, directeur du contrôle commercial des chemins de fer. Grand in-4, Imprimerie nationale, 1907.

réseau français, qui était naguère aux quatrième et cinquième rangs, est maintenant au second rang ;

3° Réduction du prix des transports pour les voyageurs et pour les marchandises ; facilités de toute nature apportées aux voyageurs, commerçants et industriels ;

4° Concours financier des compagnies permettant — grâce à leur crédit personnel s'ajoutant à la garantie éventuelle d'un minimum de revenu aux actionnaires — de trouver plus de 4 milliards pour exécuter ces grandes constructions de lignes ferrées ;

5° Le crédit de l'État ménagé ; si le Trésor avait été obligé d'emprunter, année par année, les sommes nécessaires aux travaux de chemins de fer, jamais les conversions de rentes n'auraient été effectuées ; jamais, par suite des besoins croissants du budget, il n'aurait été possible de réaliser des amortissements sur la dette, alors que, de 1885 à fin 1907, tant sur les anciens emprunts que sur ceux effectués depuis 1885, les compagnies ont effectué plus de 3 milliards d'amortissements.

Tels sont, disons-nous, les résultats tangibles et visibles des conventions de 1883 : ces résultats auraient été plus considérables encore si les compagnies n'avaient pas été à chaque instant attaquées, si leur existence n'avait pas été mise en jeu, soit par des propositions ou projets de loi sur le rachat, soit par des discussions sur la garantie d'intérêt, soit par des demandes incessantes et accroissements de charges nouvelles, si, en un mot, elles avaient pu vivre tranquilles et en paix.

## XIV

### Les impôts que paient les titres de chemins de fer

Ce n'est pas tout. Le Trésor, par les impôts divers qu'il perçoit sur les valeurs mobilières au moment de leur création et pendant tout le temps de leur existence, comme au moment de leur disparition, c'est-à-dire de leur remboursement ou liquidation, a bénéficié et bénéficie chaque année du développement financier et du crédit des compagnies. Nous avons déjà fait ce relevé et montré les charges qui en résultent pour les compagnies (¹). Si on relève simplement les impôts annuellement perçus sur les 10 209 626 obligations de chemins de fer émises depuis 1885 et sur celles qu'elles ont remboursées, puis ce que les droits de transmission et de transfert rapportent au Trésor, on peut se demander ce que l'État aurait reçu si, se substituant aux compagnies, il avait émis des rentes pour un capital de 4 milliards. La réponse est facile : il ne serait pas entré un centime d'impôt dans ses caisses, puisque les rentes sont exemptes de toute taxe.

Quand on parle de ces impôts qui pèsent sur les titres des compagnies de chemins de fer, on entend souvent dire qu'ils sont insignifiants. Comme le disait Bastiat, dans presque tous les faits économiques et financiers, il y a « ce qu'on voit et ce que l'on ne voit pas ».

Qu'est-ce donc, dit-on, que 1f50, 2 francs, 3 francs d'impôt par titre ? Qu'est-ce donc qu'une augmentation d'impôt de 50 centimes, 1 franc, 1f50, 2 francs sur le coupon quand le capital s'accroît, quand la fortune augmente ! C'est insignifiant. *Voilà ce que l'on voit, et voilà ce que l'on dit.*

(¹) « Les Chemins de fer et l'impôt : la Légende des gros dividendes. » Communication faite à la Société de statistique de Paris dans sa séance du 17 juin 1891.

*Ce que l'on ne voit pas et ce que l'on ne dit pas*, c'est que les six grandes compagnies de chemins de fer avaient en circulation, dans le public, fin 1906 : 33 millions de feuilles de papier qui s'appellent obligations de chemins de fer, et que ces 1f50 d'impôt dont chacune d'elles est frappée représentent près de 50 millions par an.

*Ce que l'on ne voit pas et ce que l'on ne dit pas*, c'est que, sans ces 1f50 d'impôt, les obligations se négocieraient plus cher. 1f 50 d'impôt capitalisé à 3 °/₀ représente 50 francs. C'est-à-dire qu'un capital de 50 francs rapporte 1f50. Nous avons cité, à ce sujet, à la *Commission extraparlementaire de l'impôt sur les revenus*, en 1894-1895, un fait typique. L'obligation des chemins de fer du Nord belge, qui fait partie de la compagnie du Nord français, se négocie, exempte d'impôt, de 485 francs à 490 francs. L'obligation du Nord français, qui paie 1f50 d'impôt, se négocie de 440 à 445 francs, soit une différence en moins de 45 à 50 francs et de près de 60 francs pour les obligations des cinq autres compagnies. Sur 33 millions de titres d'obligations de chemins de fer en circulation fin 1906, représentant en Bourse un capital de 14 600 millions, cette différence de 50 francs par titre représente un capital de 1 650 millions.

*Ce que l'on ne voit pas et ce que l'on ne dit pas*, c'est que, sans l'impôt, les compagnies de chemins de fer pourraient, avec la même annuité qu'elles consacrent par an aux intérêts et à l'amortissement de leurs obligations, émettre un plus gros capital, se procurer plus de ressources, construire un plus grand nombre de lignes, ou bien abaisser les tarifs, diminuer les frais de transport et de marchandises.

Ce même raisonnement peut être appliqué aux emprunts de la ville de Paris, du Crédit foncier et de toutes les sociétés.

*Ce que l'on ne voit pas et ce que l'on ne dit pas*, c'est que l'impôt sur les valeurs mobilières a pour effet d'abaisser la valeur vénale des titres ou d'obliger les sociétés qui font appel au crédit à emprunter à un taux d'intérêt plus élevé, ou bien encore pour une même annuité de recevoir un capital moins fort. L'influence de cette taxe, a dit M. Léon Say, est telle que « *son abolition constituerait, à l'inverse de ce qui s'est produit quand on l'a établie, une augmentation de capital pour les possesseurs de titres au jour du rappel de la loi* » ([1]).

## XV

### La dette publique et celle des chemins de fer — La « cloison étanche »
### Les bénéfices des actionnaires et ceux de l'État — Les charges patronales
### des compagnies

Ajoutons enfin que les conventions de 1883 ont eu ce grand résultat de ne pas ajouter à la dette publique le montant des emprunts que les compagnies ont effectués, de conserver intact le crédit de l'État et des compagnies. C'est ainsi que s'est vérifiée et justifiée cette « cloison étanche » dont M. Rouvier, alors ministre des finances, parlait dans un de ses discours. Si l'État était devenu propriétaire de toutes nos compagnies de chemins de fer, au montant total de la dette publique consolidée, serait venue s'ajouter celle des chemins de fer. Nous aurions aujourd'hui 32 à 33 milliards de dettes publiques et on ne distinguerait pas entre celles qui

---

([1]) Léon SAY, *Solutions démocratiques de l'impôt*. Cinquième conférence, t. II, p. 65.

s'appliquent à des dépenses productives, à des accroissements d'actif et celles qui concernent des dépenses improductives.

Si, en regard des avantages procurés à l'État par les conventions de 1883, on oppose les « dividendes » des actionnaires de ces grandes compagnies, si *injustement* attaquées, on s'aperçoit que l'État s'est fait la part du lion.

Pour s'en rendre compte, il *suffit de mettre en regard des recettes totales d'ex*ploitation des six compagnies (impôts non compris) les dividendes distribués en 1883 et aujourd'hui ([1]) :

|  | Recettes en millions de francs | | Dividende brut des actions | |
|---|---|---|---|---|
|  | 1883 | 1906 | 1883 | 1906 |
| Nord . . . . | 175 299 | 257 042 | 73,00 | 72,00 |
| Est . . . . . | 137 410 | 215 463 | 35,50 | 35,50 |
| Ouest . . . . | 138 517 | 206 817 | 37,00 | 38,50 |
| Orléans . . . | 185 390 | 257 724 | 57,50 | 59,00 |
| P.-L.-M. . . . | 346 228 | 496 754 | 55,00 | 58,00 |
| Midi . . . . . | 100 240 | 120 962 | 40,00 | 50,00 |

De 1883 à 1906, l'augmentation des recettes totales d'exploitation a été, en chiffres ronds :

| Sur le Nord . . . . . | 82 millions |
|---|---|
| — l'Est . . . . . . . | 78 — |
| — l'Ouest . . . . . . | 68 — |
| — l'Orléans . . . . | 72 — |
| — le Lyon . . . . . | 160 — |
| — le Midi . . . . . | 21 — |

Il semble, à ne consulter que ces chiffres, que *les actionnaires de sociétés* aussi favorisées, puisque leurs recettes totales d'exploitation se sont accrues d'environ 500 millions, ont dû voir grossir *proportionnellement leurs dividendes.*

Qu'on en juge :

En 1883, un capitaliste détenteur d'une action des six grandes compagnies aurait reçu, en intérêts et dividendes, 298 francs *brut.*

En 1906, ce même actionnaire aurait reçu *brut* 313 francs, soit 15 francs en plus : mais comme les impôts sur les valeurs mobilières ont été augmentés depuis 1883, le revenu net de 1906 ne dépasse guère celui de 1883 : pour certaines compagnies, comme le Nord, l'Est, l'Ouest, ce revenu est même *inférieur.* L'Orléans n'a pu augmenter son dividende de 1f50 qu'en faisant un prélèvement sur le revenu de son domaine privé.

Les recettes brutes des six compagnies se sont accrues de plus de 500 millions : le dividende des actionnaires est resté stationnaire.

Tel a donc été, pour ces actionnaires si enviés, le résultat des conventions de 1883.

On dira, sans doute, que, si le revenu des actions ne s'est pas accru, leur capital, au contraire, est en grande plus-value.

---

([1]) Chiffres extraits de la *Notice sur la Périodicité des crises économiques et ses rapports avec l'exploitation des chemins de fer français,* par M. Georges VILLAIN, p. 44. Imprimerie nationale, 1907.

Fin décembre 1883, un achat d'une action des six compagnies aurait coûté environ 6 800 francs. Ce même achat vaudrait aujourd'hui 7 365 francs, soit une plus-value de 565 francs.

Le même capital de 6 800 francs employé en rente 3 °/₀ sur l'État au prix du 31 décembre 1883, soit 75ᶠ 80, vaudrait aujourd'hui, sur le cours de 96 francs, 8 610 francs, soit une plus-value de 1 810 francs.

Au lieu de conserver leurs titres, si les actionnaires avaient acheté de la rente française 3 °/₀, leur capital se serait accru dans de plus grandes proportions, ce qui prouve, encore, que les conventions de 1883 ont été plus avantageuses à l'État et au crédit public qu'aux compagnies et à leurs actionnaires.

Ces derniers peuvent dire que leurs bénéfices ont été absorbés, d'une part, par les impôts que perçoit l'État et, d'autre part, par les charges patronales en faveur du personnel que les compagnies emploient.

Ces charges patronales sont, en effet, considérables. Fin 1904, elles s'élevaient à 71 743 427 francs. Depuis 1883, l'augmentation n'est pas moindre de 45 millions ; depuis 1890, elle est exactement de 33 664 559 francs, soit de 88,40 °/₀. Ces chiffres sont extraits de la *Notice sur l'Exposition collective des institutions patronales des six grandes compagnies de chemins de fer, présentée à l'Exposition universelle de Milan en 1906.* On peut se reporter également aux diverses études que nous avons publiées sur ce sujet (¹).

Voici notamment pour le Lyon le détail des charges patronales, qui s'est élevé en 1907 à 24 805 400 francs :

| | |
|---|---:|
| Intérêts des capitaux consacrés à l'installation des logements, écoles, réfectoires, ouvroirs, et aux prêts à consentir aux agents momentanément embarrassés. . . . . . . . . . . . . . . . | 38 600ᶠ |
| Soins médicaux, fourniture de médicaments. . . . . . . . . . | 708 500 |
| Boissons chaudes ou hygiéniques. . . . . . . . . . . . . . | 35 300 |
| Salaires et demi-salaires de maladie. . . . . . . . . . . . | 2 163 000 |
| Indemnités de résidence . . . . . . . . . . . . . . . . | 543 500 |
| Allocations aux familles nombreuses . . . . . . . . . . . . | 468 100 |
| Contribution à la dépense de l'habillement . . . . . . . . . . | 132 100 |
| Allocations aux Sociétés coopératives . . . . . . . . . . . | 39 600 |
| Pensions viagères, secours, orphelinat. . . . . . . . . . . | 1 103 200 |
| Allocations spéciales de mise à la retraite . . . . . . . . . . | 1 457 300 |
| Dotation et gestion des caisses de retraites. . . . . . . . . | 10 116 200 |
| Somme prélevée sur le compte du dividende de l'exercice 1905 et versée à la caisse des retraites de la compagnie conformément à la décision de l'assemblée générale du 10 avril 1906 . . . . . . . . . . | 8 000 000 |
| Ensemble. . . . . . . . . . . . . . . | 24 805 400ᶠ |

qui représente 54,40 °/₀ de la somme de 45 600 000 francs qui est distribuée aux actionnaires à titre de dividende.

Nous avons relevé, compagnie par compagnie, l'importance des charges patronales et le montant des dividendes distribués ; et, d'autre part, en regard de ces

(¹) « Les Chemins de fer et l'impôt : la Légende des gros dividendes. » Communication faite à la Société de statistique de Paris, séance du 17 juin 1891. — « Les Charges patronales et fiscales des six grandes compagnies » (*Rentier* du 7 avril 1905).

dividendes, nous avons indiqué, d'après les rapports des compagnies, le montant des profits ou des économies que l'État réalise du fait de l'exploitation des chemins de fer.

Voici ces chiffres, que chacun pourra, comme nous l'avons fait, vérifier et contrôler dans les rapports lus aux récentes assemblées d'actionnaires.

En 1907, les charges patronales des compagnies ont été les suivantes :

| | | | |
|---|---|---|---|
| Est . . . . . . | 12 438 189ᶠ, soit par action | 21ᶠ | environ |
| Lyon . . . . . | 24 805 400 | — 31 | — |
| Midi . . . . . | 8 858 878 | — 35 | — |
| Nord . . . . | 23 379 986 | — 44 | — |
| Orléans . . . . | 14 174 202 | — 23 | — |
| Ouest . . . . . | 8 951 325 | — 30 | — |
| Total . . . . | 92 607 980ᶠ | | |

Les charges patronales s'élevaient fin 1904 à 71 743 427 francs et à environ 27 millions en 1883. Elles ont presque quadruplé en un quart de siècle.

Or, les dividendes des actionnaires sont égaux ou à peu près égaux à ceux qu'ils recevaient à pareille époque. Un capitaliste qui aurait acheté en 1883 une action de chacune des six grandes compagnies aurait reçu, en intérêts et dividendes, 298 francs brut ; il aurait reçu, pour 1907, brut 312 francs. En tenant compte des impôts qui, depuis 1883, ont été augmentés sur les valeurs mobilières, il recevrait moins aujourd'hui qu'il y a vingt-cinq ans.

A côté de ces charges patronales, il faut placer le montant des dividendes distribués en 1907.

Ce montant a été le suivant par compagnie et par action :

| | | Soit | |
|---|---|---|---|
| | | par action de capital | par action de jouissance |
| Est . . . . . | 20 750 000ᶠ | 35ᶠ50 | 15ᶠ50 |
| Lyon. . . . . | 45 600 000 | 57 00 | 37 00 |
| Midi. . . . . | 12 500 000 | 50 00 | 25 00 |
| Nord. . . . . | 29 400 000 | 72 00 | 56 00 |
| Orléans . . . | 33 413 805 | 59 00 | 44 00 |
| Ouest . . . . | 11 550 000 | 38 50 | 21 00 |
| Total. . . | 153 213 805ᶠ | | |

Sur ces 153 213 805 francs, le Midi a demandé une avance à l'État, à titre de la garantie d'intérêt, de 4 805 536ᶠ 15 et l'Ouest une somme de 16 305 021ᶠ 35, ce qui fait pour les deux compagnies un total de 21 150 557ᶠ 50.

Les actionnaires ont donc reçu, sur leurs revenus propres, une somme d'environ 131 millions, en chiffres ronds, alors que leurs charges patronales se sont élevées à 92 millions, c'est-à-dire que, sans ces charges patronales, le revenu net des actionnaires aurait pu être accru de plus de 60 %!

Dans leurs rapports, les six compagnies ont évalué les profits que l'État avait retirés en 1907 du fait de l'exploitation des chemins de fer.

Voici ce relevé, par compagnie :

| | | | |
|---|---|---|---|
| Est. . . . . . | 43 272 922ᶠ, | soit par action | 74ᶠ environ |
| Lyon . . . . . | 93 569 100 | — | 117 — |
| Midi . . . . . | 23 068 000 | — | 92 — |
| Nord . . . . . | 37 659 652 | — | 71 — |
| Orléans . . . . | 49 287 000 | — | 82 — |
| Ouest (1906). . | 40 875 101 | — | 136 — |
| Total . . . . | 287 731 775ᶠ | | |

Sans compter que l'État, du fait de ses subventions, retire 6,263 % des capitaux avancés à l'Est ; 9,40 % de ceux avancés au Lyon ; 5,77 % de ceux avancés au Midi.

## XVI

### L'actionnaire le plus favorisé est l'État

Il résulte des chiffres qui précèdent qu'en ce qui concerne les compagnies de chemins de fer :

Le montant des dividendes distribués aux actionnaires, en 1907, s'élève à 153 213 805 francs.

Les charges patronales payées par les compagnies s'élèvent à 92 607 980 francs.

Les bénéfices ou économies dont l'État bénéficie du fait des six grandes compagnies se sont élevés, en 1907, à 287 731 775 francs.

Ces chiffres significatifs permettent d'affirmer que, dans toutes les grandes entreprises et sociétés par actions, le plus favorisé n'est pas celui qu'on voit, c'est-à-dire le porteur de titres, le capitaliste, l'actionnaire qui a fourni les fonds et commandité l'entreprise ; ce n'est pas davantage l'obligataire qui reçoit simplement l'intérêt et le remboursement du capital qu'il a prêté. L'actionnaire qui perçoit la plus forte part, sans courir aucun risque, c'est l'État ou la municipalité, par l'impôt et les redevances consentis à leur profit. On peut constater qu'alors que le Trésor, le commerce, l'industrie, le public ont bénéficié de leur industrie, les actionnaires, eux, sont restés à la portion congrue. Depuis 1883, répétons-le, les recettes des six grandes compagnies ont augmenté de 500 millions ; les actionnaires, impôts déduits, ne reçoivent pas davantage et, dans quarante-deux à cinquante-deux ans, tout leur actif fera retour à l'État. Il n'y aura plus ni actionnaires, ni obligataires ; l'État sera propriétaire d'un réseau de voies ferrées qui répartit plus de 800 millions par an, en dividendes, intérêts et amortissements.

A l'expiration des concessions, rien que par la progression normale et naturelle des recettes — si des imprudences qualifiées trop souvent de réformes ne viennent pas gaspiller cette grosse fortune — ces 800 millions de revenu net pourront peut-être atteindre 1 milliard à 1 200 millions. Un tel revenu dépassera les charges de la dette publique. Aucun pays ne se trouverait, dès lors, dans une situation comparable à la nôtre, situation dont nous sommes les seuls, en France, à ne pas nous douter, tandis qu'à l'étranger, on est plus juste envers nous que nous ne le sommes envers nous-mêmes. Le système financier employé en France pour la construction du réseau, avec la garantie d'intérêt, la participation aux bénéfices et le retour de tous les réseaux à l'État, à l'expiration des concessions, est considéré unanimement comme de beaucoup préférable à l'exploitation directe par l'État, à la possession par l'État de chemins de fer qu'il aurait à construire avec des capitaux empruntés par lui.

## XVII

### La valeur actuelle de la nue propriété du réseau des compagnies

Sans les attaques dont les compagnies de chemins de fer ont été l'objet et les charges qui leur ont été imposées, depuis longtemps déjà le partage des bénéfices entre l'État et les compagnies aurait été un fait accompli ; depuis longtemps aussi, les obligations auraient atteint et dépassé le pair, ce qui aurait permis de réaliser des économies sur le coût des emprunts, économies dont l'État aurait profité tout le premier. Les six compagnies ont, en circulation, en chiffres ronds, 11 millions et demi d'obligations 3 % ; une réduction en type 2 1/2 aurait produit une économie annuelle de 2f 50 par titre, soit de près de 29 millions ! Une telle économie, capitalisée à 3 %, aurait permis aux compagnies de se procurer, sans qu'il leur en coûtât un centime de plus que ce qu'elles paient aujourd'hui, un capital de 900 millions avec lequel elles auraient pu ou construire des lignes nouvelles, ou améliorer celles qui existent, ou transformer plusieurs d'entre elles en lignes électriques, et par là améliorer encore cette immense fortune dont l'État est actuellement l'usufruitier et dont il sera l'unique propriétaire et bénéficiaire à partir de la période qui s'écoulera de 1950 à 1960.

Cette fortune n'est pas hypothétique ; elle n'est pas dans les nuages, elle a une valeur actuelle considérable. On a essayé plusieurs fois de la chiffrer et on est arrivé à plus de 3 milliards, c'est-à-dire que, si l'État aliénait une propriété qui lui appartiendra en entier dans quarante-deux à cinquante-deux ans, il pourrait la céder pour plus de 3 milliards. En d'autres termes encore, si l'État voulait proroger les concessions des compagnies pour une durée égale à celle qu'elles ont encore à courir, ce sont encore des milliards qu'il pourrait obtenir. Il est inutile d'envisager de telles éventualités, car l'État n'a nul besoin d'aliéner cette immense propriété, ni de proroger l'époque à laquelle elle lui fera retour de plein droit ; mais il était nécessaire, par un exemple précis, de montrer que la propriété des chemins de fer, même à échéance de 1950 à 1960, n'est pas une non-valeur.

L'intérêt de l'État et celui des compagnies est que les recettes s'accroissent et ne soient pas absorbées par un développement continu de dépenses anciennes et nouvelles. A ce point de vue, il y a beaucoup à faire. On réclame aux compagnies toutes sortes d'améliorations : voitures plus confortables, wagons « hygiéniques », trains ultra-rapides avec des compartiments de toutes classes, réduction des heures de travail pour le personnel et une plus forte rémunération, réductions de tarifs, etc. Il ne viendrait à personne l'idée d'accorder aux compagnies le droit de faire payer un supplément pour la vitesse ou pour le confortable, comme cela existe dans presque tous les pays d'Europe, de même que la tolérance des 30 kilos de bagages n'existe presque nulle part [1]. Ce serait par millions que se chiffrerait le produit de cette réforme. Le rapport très documenté et des mieux ordonnés que M. Argeliès

[1] Voir, à ce sujet, les études que nous avons publiées dans le *Rentier* du 27 novembre 1902 et du 27 janvier 1904.

a présenté à la Chambre, au nom de la commission du budget, sur le *Budget des chemins de fer et garanties d'intérêts*, contient, sur ce sujet, des détails du plus grand intérêt qui confirment nos propres appréciations.

Il faut enfin suivre les sages conseils que donnait déjà, en 1895, un des personnages les plus autorisés du Sénat :

« Il n'y a pas lieu d'exiger des compagnies des accroissements de dépenses considérables, se chiffrant par des millions, par suite de services multiples et coûteux, lorsque des services plus économiques et moins nombreux suffiraient, ni de commettre cet abus dispendieux de leur demander, sur certaines lignes d'un trafic nul ou minime, le double de trains nécessaires, tout abus de cette nature se chiffrant par des augmentations considérables de millions à la dépense et, par conséquent, par un accroissement du nombre de millions à la garantie d'intérêt.

« Il ne faut pas s'habituer, comme on l'a trop fait, à considérer les compagnies comme l'ennemi, mais les traiter en associées de l'État, ce qu'elles sont, ou en fermières du domaine de l'État, ce qu'elles sont plus exactement encore. »

Ces paroles, que prononçait à la tribune du Sénat, le 2 avril 1895, le président de la commission des finances, M. Loubet, le digne et respecté ancien président de la République, sont toujours vraies et ne doivent pas être oubliées.

## TROISIÈME PARTIE

### XVIII

En terminant cette communication, je me bornerai à faire passer sous vos yeux les graphiques suivants :

1° Longueur des chemins de fer ;
2° Montants annuels des émissions et des remboursements d'obligations des six grandes compagnies ;
3° Montant total des émissions et des remboursements d'obligations depuis 1885 ;
4° Cours moyens des actions de l'Ouest et dividendes distribués depuis 1885 ;
5° — — de l'Orléans — —
6° — — du P.-L.-M. — —
7° — — du Nord — —
8° — — de l'Est et du Midi et dividendes distribués depuis 1885 ;
9° — des obligations Est 3 % anciennes et 2 1/2 % depuis 1885 ;
10° — — Lyon 3 % fusion anciennes et 2 1/2 % ;
11° — — Midi 3 % anciennes et 2 1/2 % depuis 1885 ;
12° — — Nord — —
13° — — Orléans — —
14° — — Ouest — —
15° Plus hauts et plus bas cours de la rente 3 % amortissable.

**GRAPHIQUES**

## Longueur des chemins de fer

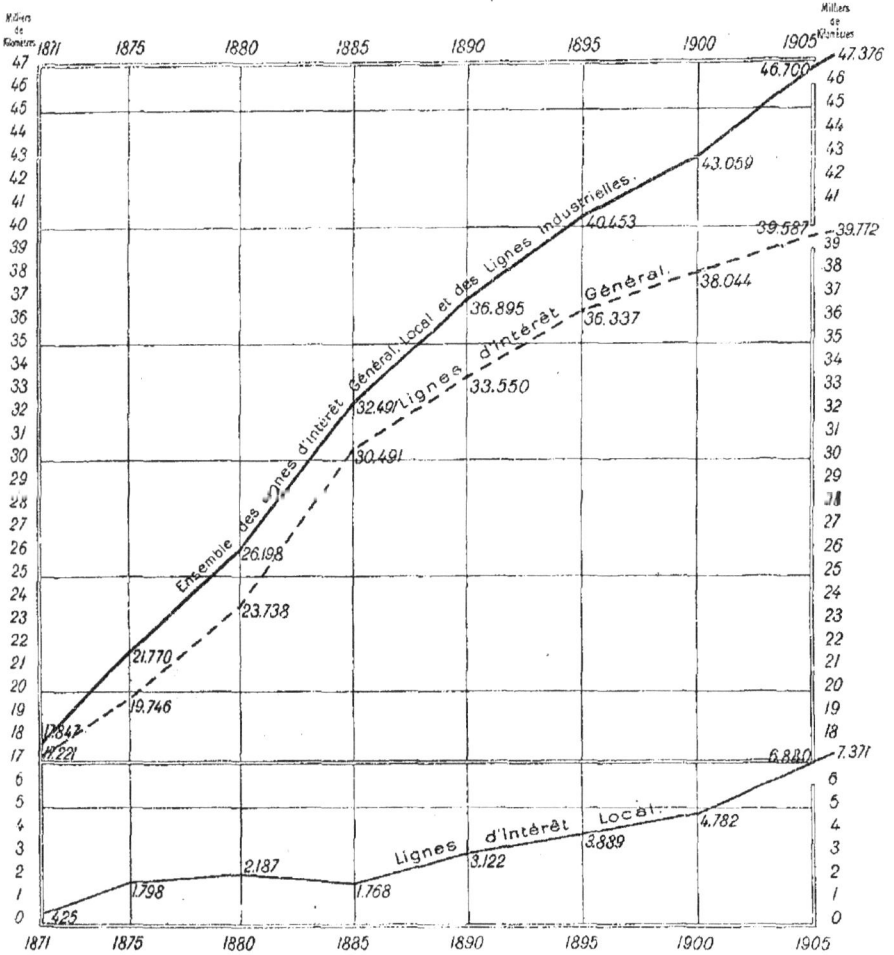

## Montants annuels des émissions et des remboursements d'obligations

### (Six compagnies)

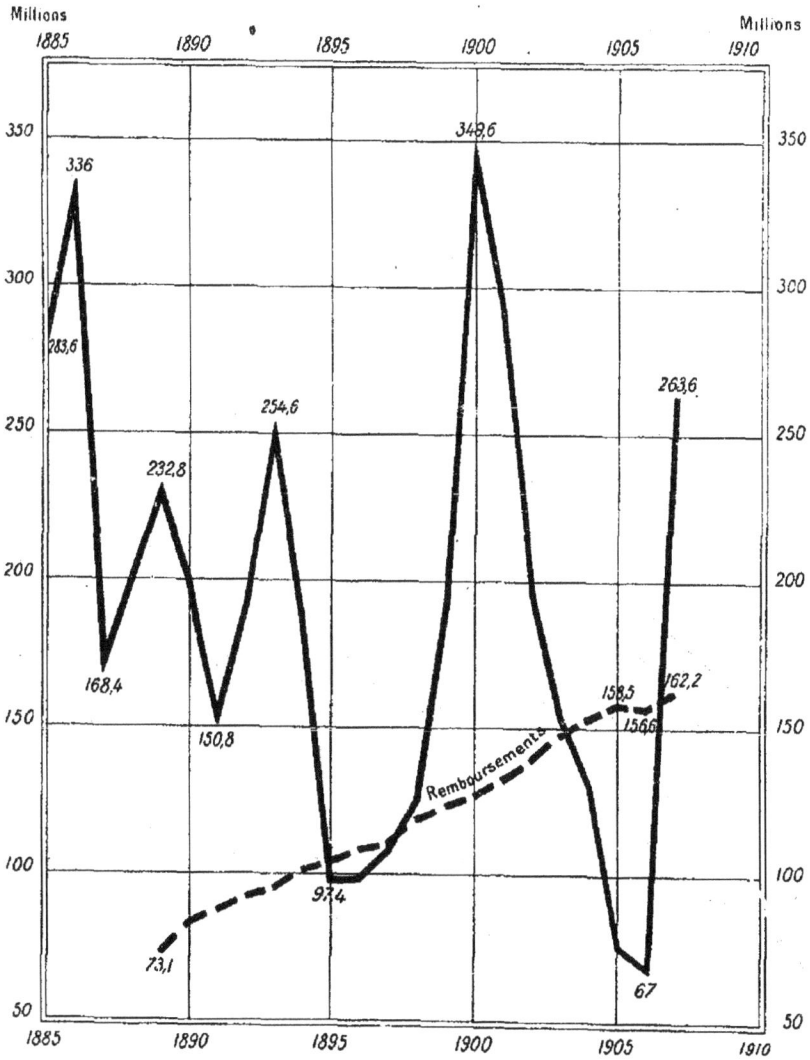

Millions

1885   1890   1895   1900   1905   Millions 1910

350   349,6   350

336

300   300

283,6   263,6

254,6

232,8

250   250

200   200

168,4   159,5   162,2

150   156,6   150

150,8   Remboursements

100   97,4   100

73,1   67

50   50

1885   1890   1895   1900   1905   1910

# Montant total des *émissions* et des *remboursements* d'obligations depuis 1885

## (Six compagnies)

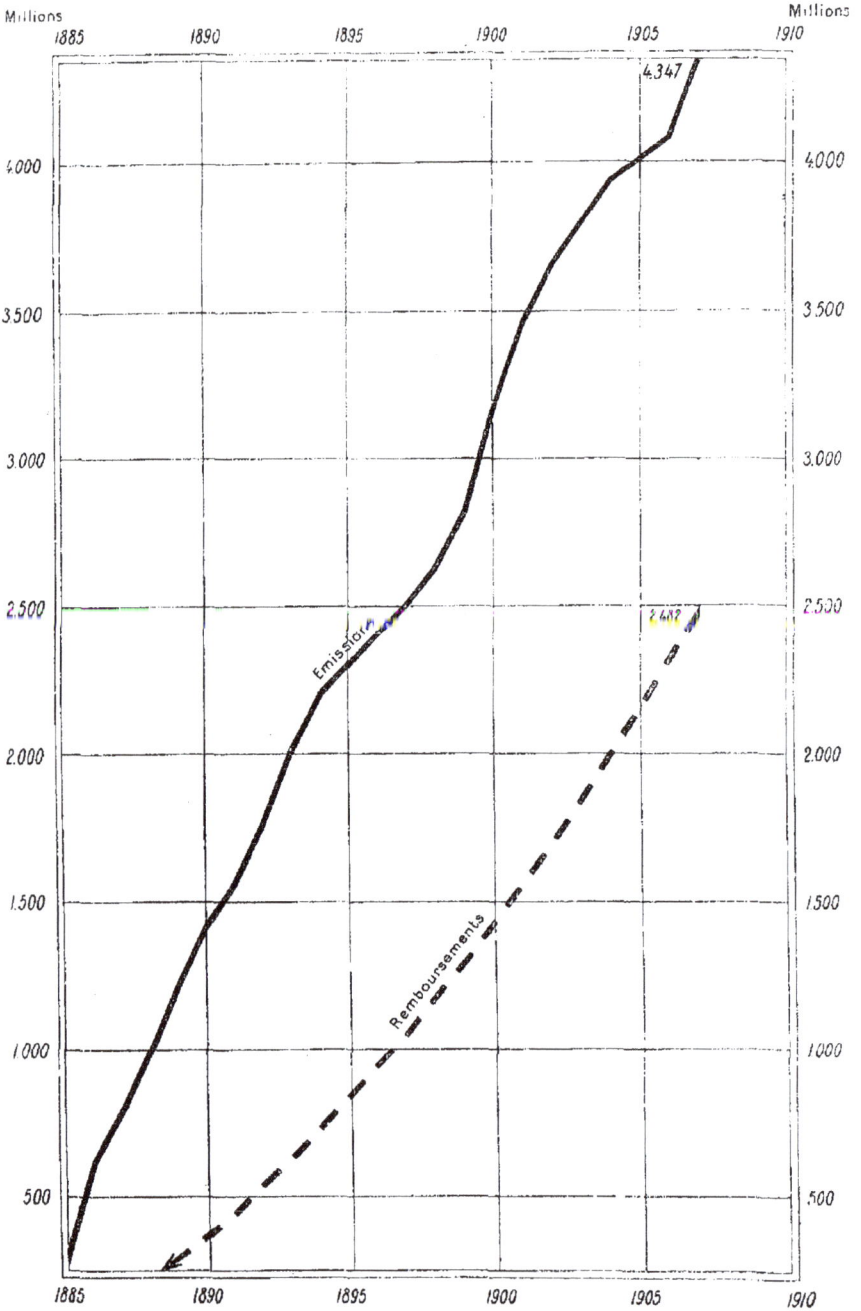

(*Voir la légende page 28*)

| | Émissions | | | Remboursements | |
|---|---|---|---|---|---|
| **ANNÉES** | *OBLIGATIONS* VENDUES | TOTAL du PRIX DE VENTE | **ANNÉES** | OBLIGATIONS AMORTIES | MONTANT |
| 1885 . . . . . | 750 752 | 283,6 | 1885 à 1891 . . | » | 450,0 |
| 1886 . . . . . | 873 992 | 336,0 | 1892 . . . . . | 177 290 | 92,9 |
| 1887 . . . . . | 434 396 | 168,4 | 1893 . . . . . | 184 333 | 95,5 |
| 1888 . . . . . | 496 743 | 197,2 | 1894 . . . . . | 197 721 | 101,6 |
| 1889 . . . . . | 575 926 | 232,8 | 1895 . . . . . | 202 643 | 104,5 |
| 1890 . . . . . | 463 484 | 198,8 | 1896 . . . . . | 211 073 | 108,9 |
| 1891 . . . . . | 340 510 | 150,8 | 1897 . . . . . | 222 099 | 110,5 |
| 1892 . . . . . | 420 153 | 191,0 | 1898 . . . . . | 230 099 | 119,0 |
| 1893 . . . . . | 557 024 | 254,6 | 1899 . . . . . | 238 613 | 123,8 |
| 1894 . . . . . | 408 541 | 188,0 | 1900 . . . . . | 251 859 | 127,3 |
| 1895 . . . . . | 208 958 | 97,4 | 1901 . . . . . | 261 740 | 132,6 |
| 1896 . . . . . | 212 230 | 98,3 | 1902 . . . . . | 277 374 | 139,0 |
| 1897 . . . . . | 238 187 | 107,6 | 1903 . . . . . | 287 316 | 147,5 |
| 1898 . . . . . | 282 316 | 125,0 | 1904 . . . . . | 299 597 | 153,9 |
| 1899 . . . . . | 446 096 | 191,8 | 1905 . . . . . | 308 385 | 158,5 |
| 1900 . . . . . | 817 006 | 349,6 | 1906 . . . . . | 313 252 | 156,6 |
| 1901 . . . . . | 656 087 | 291,5 | 1907 . . . . . | 324 331 | 162,2 |
| 1902 . . . . . | 433 971 | 194,3 | | | |
| 1903 . . . . . | 346 752 | 153,6 | | | |
| 1904 . . . . . | 300 470 | 131,2 | | | |
| 1905 . . . . . | 169 071 | 75,1 | | | |
| 1906 . . . . . | 153 431 | 67,0 | | | |
| 1907 . . . . . | 663 530 | 223,6 | | | |
| **Totaux. . .** | 10 209 826 | 4 347,2 | **Total . . .** | | 2 482,3 |

# OUEST

## Cours moyens des *actions*

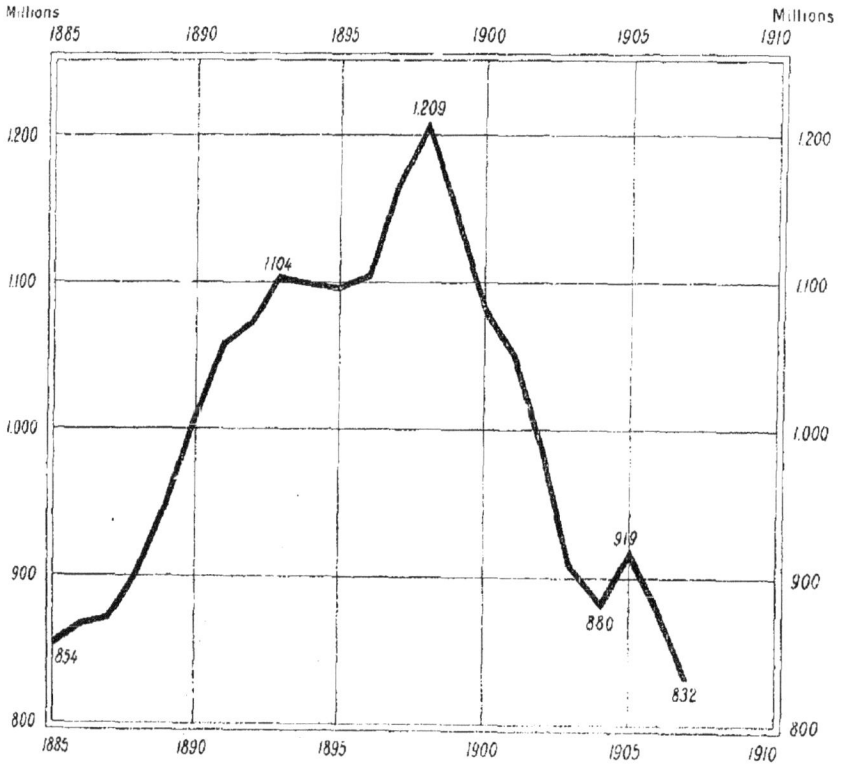

Millions

| 1885 | 1890 | 1895 | 1900 | 1905 | Millions 1910 |

1.209

1.200

1.104

1.100

1.000

919

900

880

854

832

800

1885    1890    1895    1900    1905    1910

37   38   38.50             38.50

Dividendes

## PARIS A ORLÉANS

### Cours moyens des actions .

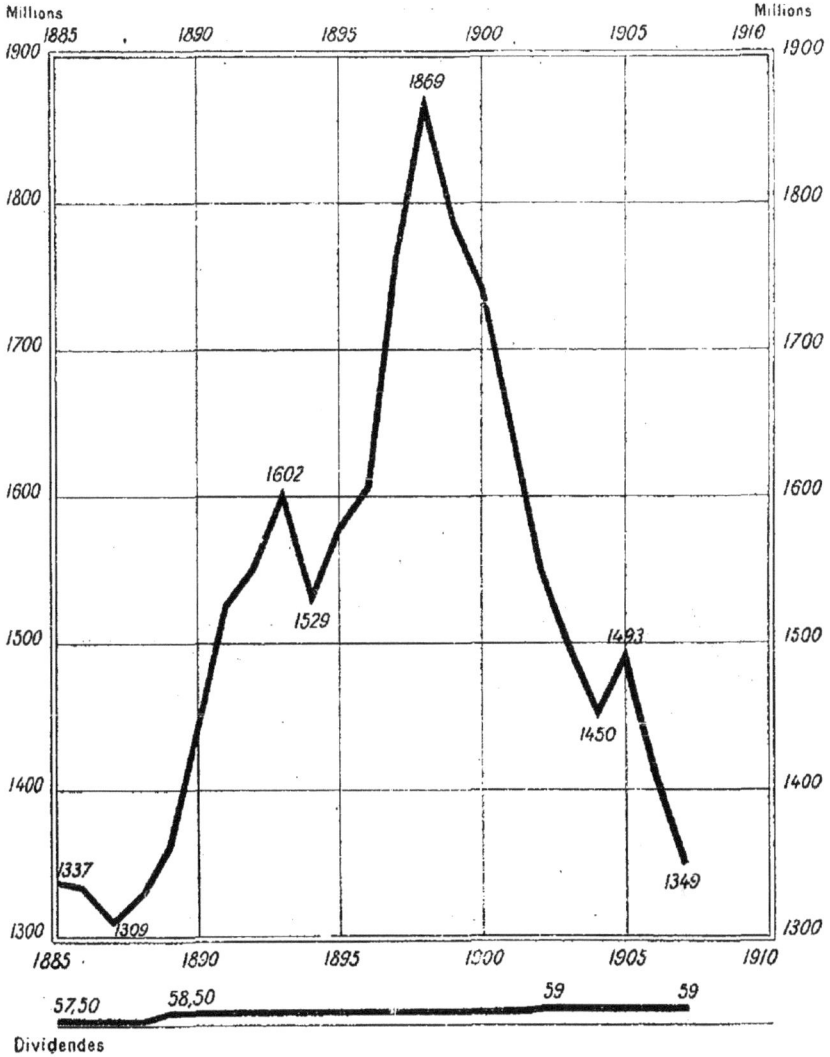

Millions                                                                  Millions

| 1885 | 1890 | 1895 | 1900 | 1905 | 1910 |

1900

1869

1800

1700

1602

1600

1529

1500

1493

1450

1400

1337

1349

1309

1300

| 1885 | 1890 | 1895 | 1900 | 1905 | 1910 |

57,50    58,50                                    59        59

Dividendes

## PARIS-LYON-MÉDITERRANÉE

### Cours moyens des *actions*

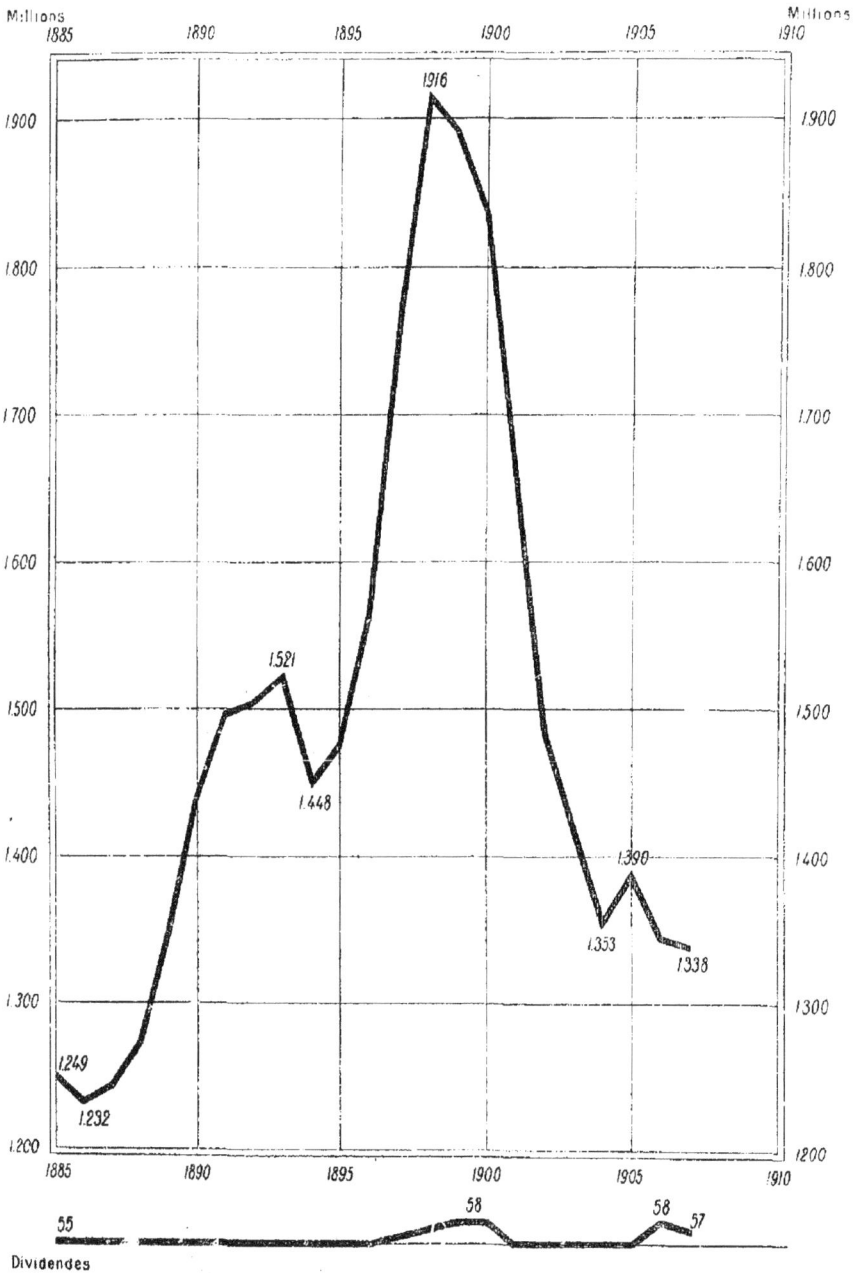

Millions
1885    1890    1895    1900    1905    Millions 1910

*1916*

*1900*    *1900*

*1800*    *1800*

*1700*    *1700*

*1600*    *1600*

*1.521*

*1.500*    *1.500*

*1.448*

*1.400*    *1.390*    *1.400*

*1.353*
*1.338*

*1.300*    *1300*

*1.249*

*1.232*

*1.200*    *1200*
1885    1890    1895    1900    1905    1910

*55*    *58*    *58*    *57*

Dividendes

# NORD

## Cours moyens des actions

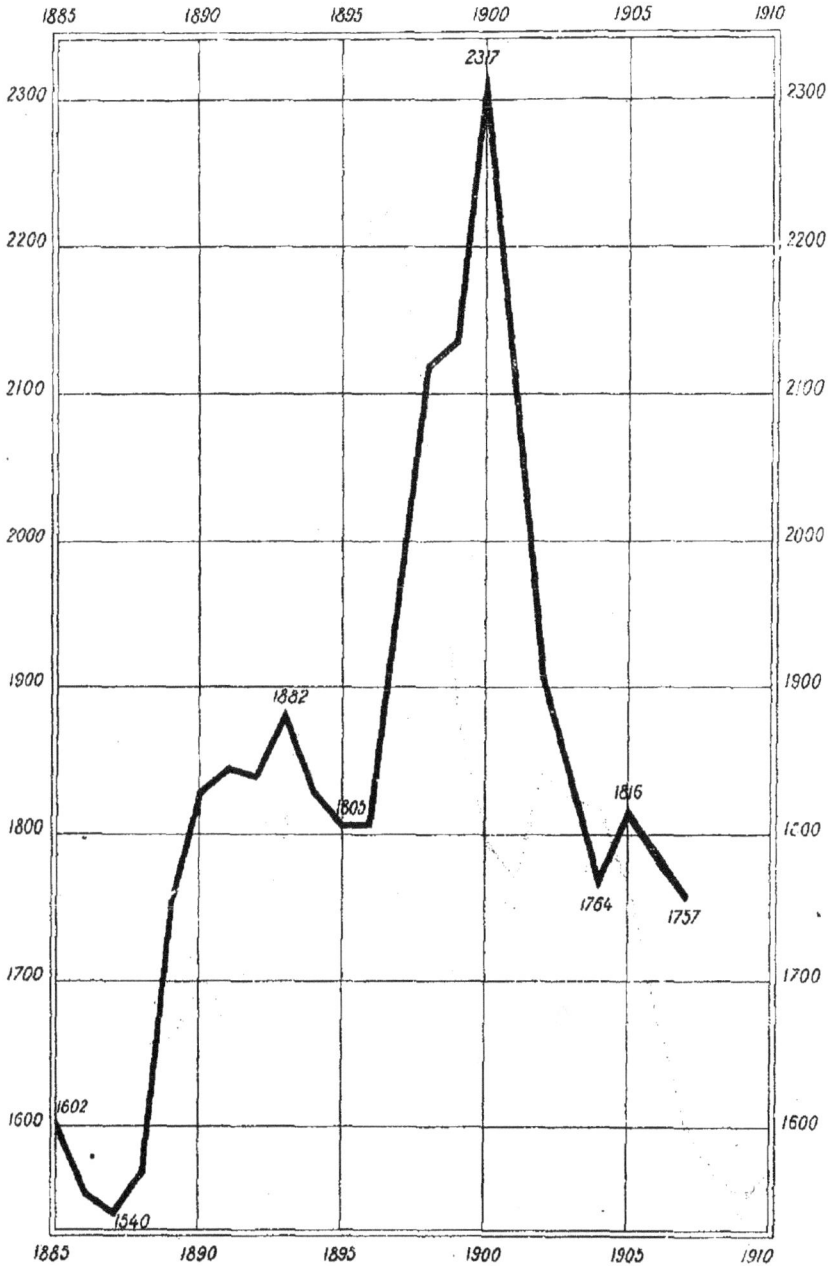

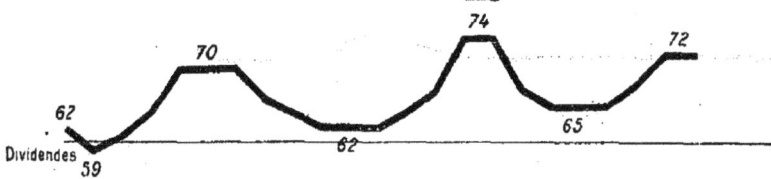

2317

1882

1805

1816

1764    1757

1602

1540

Dividendes

62

70

74

72

59

62

65

## EST
### Cours moyens des actions

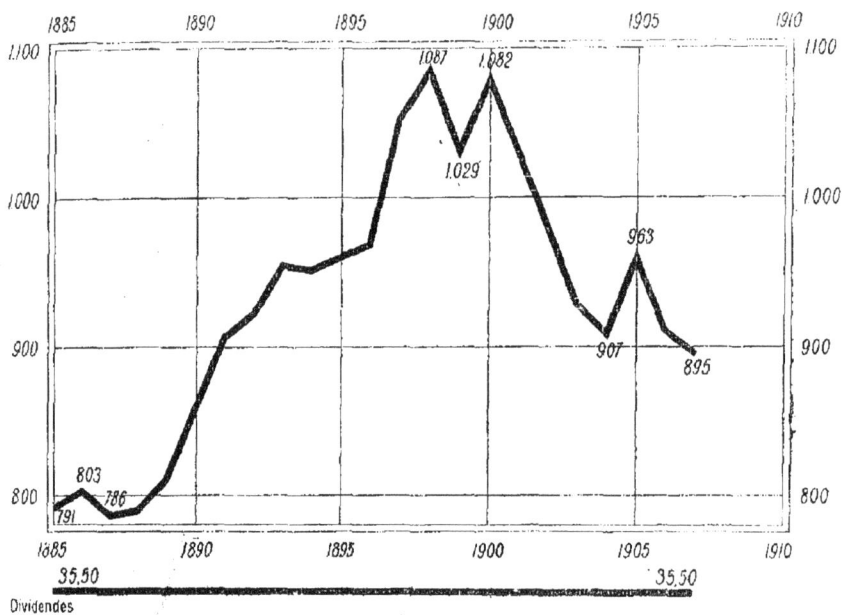

Dividendes 35,50

## MIDI
### Cours moyens des actions

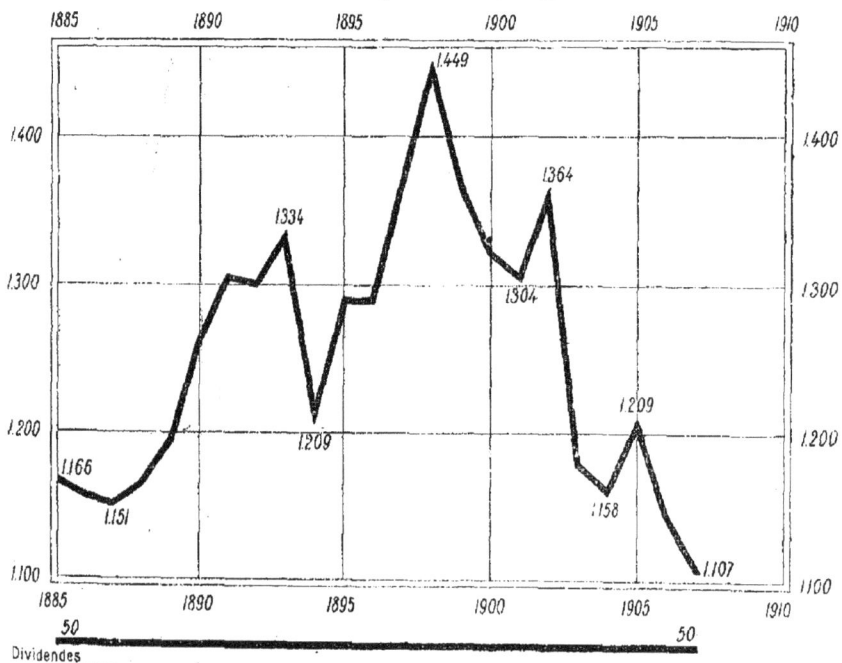

Dividendes 50

## EST

### Cours moyens des obligations 3 °/₀ anciennes et 2 ¹/₂ °/₀

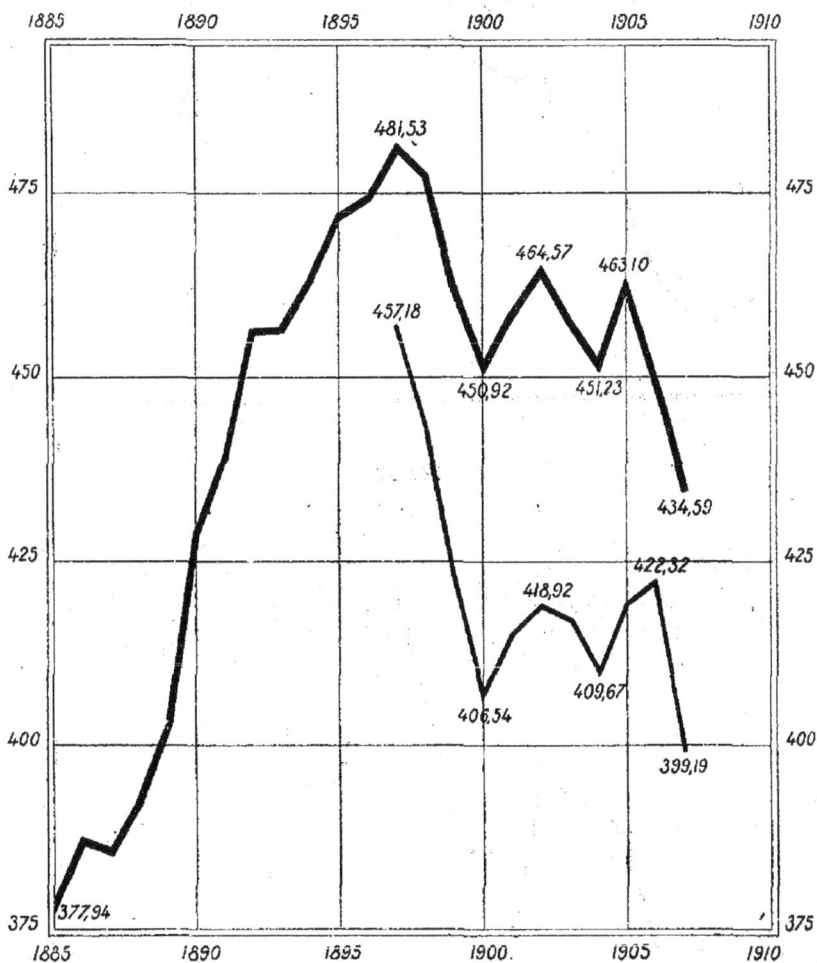

**PARIS-LYON-MÉDITERRANÉE**

Cours moyens des obligations *3 %o fusion anciennes et 2 ¹/₂ %o*

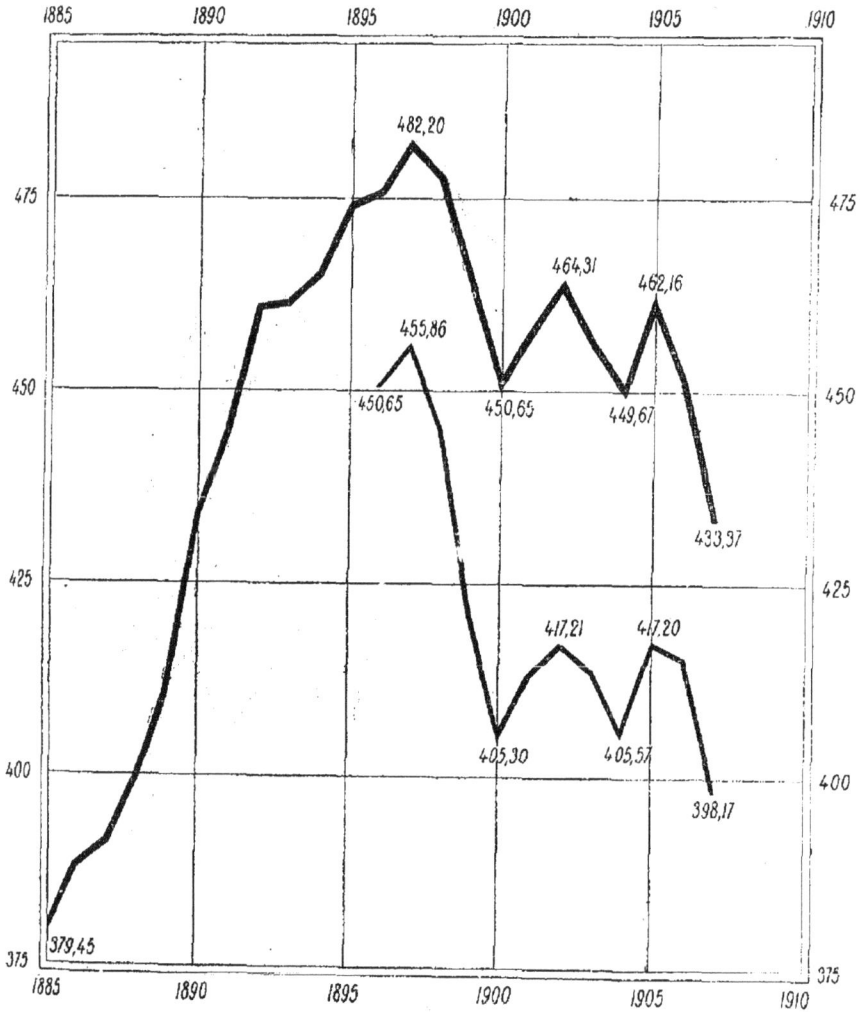

## MIDI

### Cours moyens des obligations 3 % anciennes et 2 ¹/₂ %

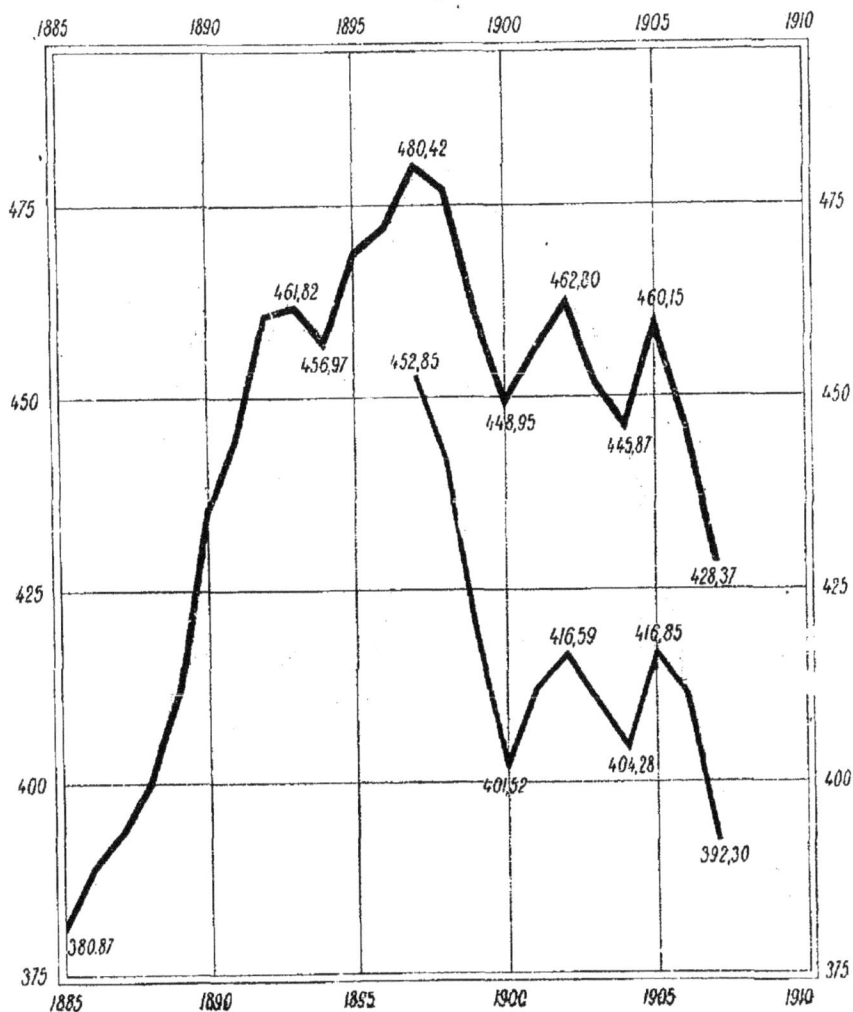

# NORD

## Cours moyens des obligations 3 % anciennes et 2 ¹/₂ %

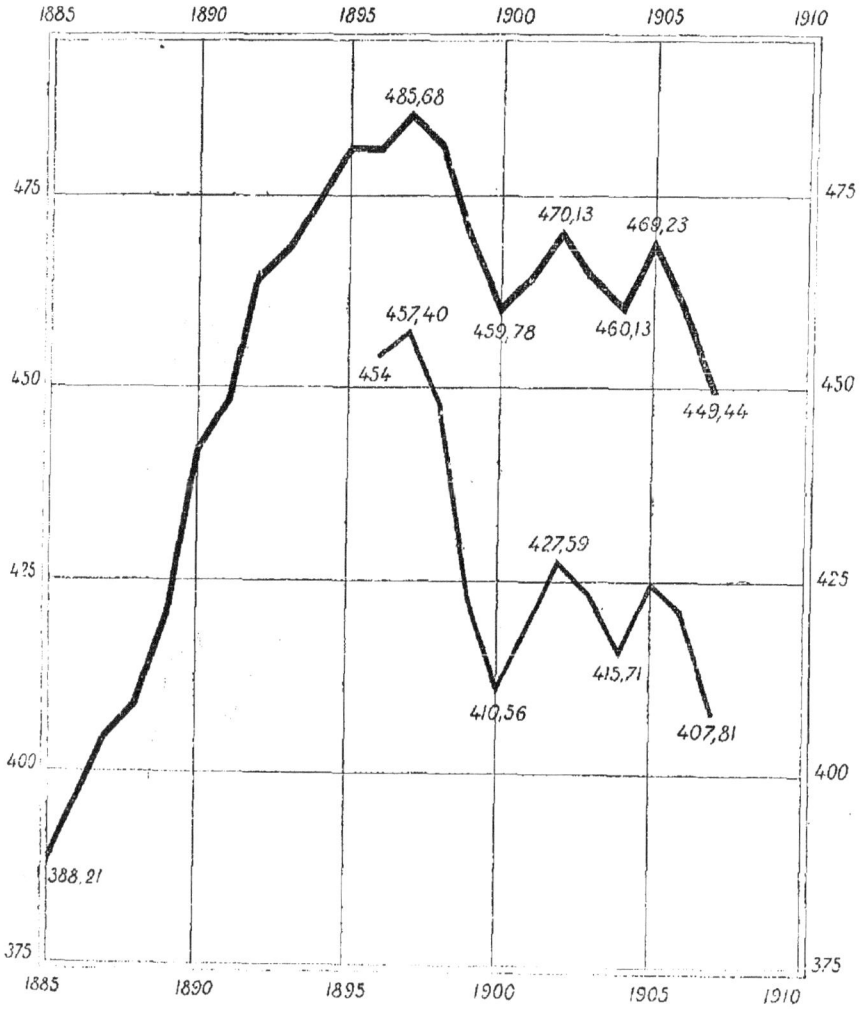

## PARIS A ORLÉANS

Cours moyens des obligations 3 % anciennes e' ? 1/2 %

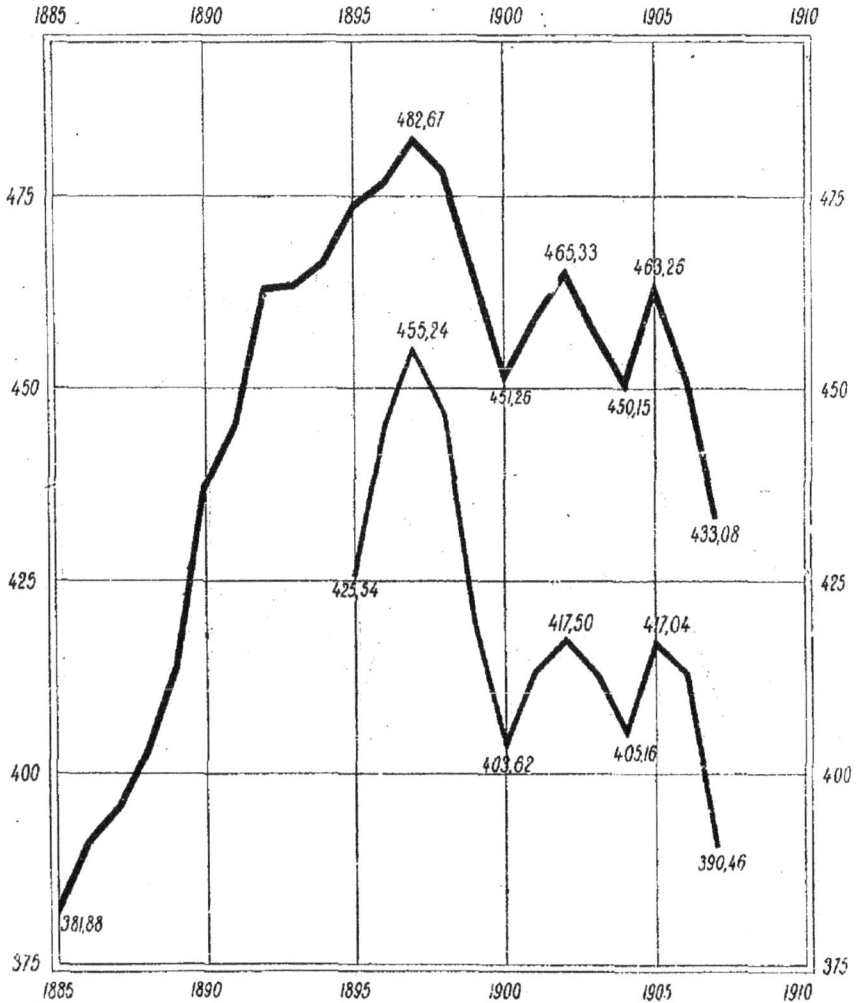

## OUEST

### Cours moyens des obligations 3 °/₀ anciennes et 2 ¹/₂ °/₀

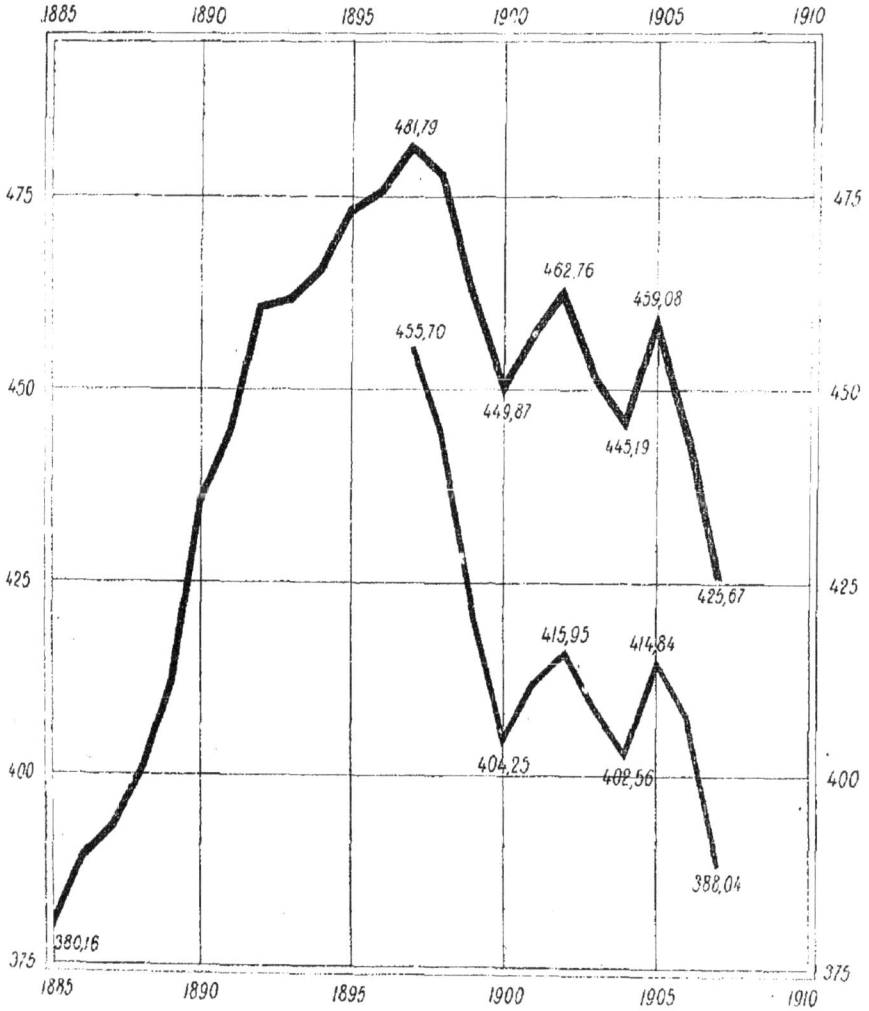

## 3 °/o AMORTISSABLE

### (Plus hauts et plus bas cours)

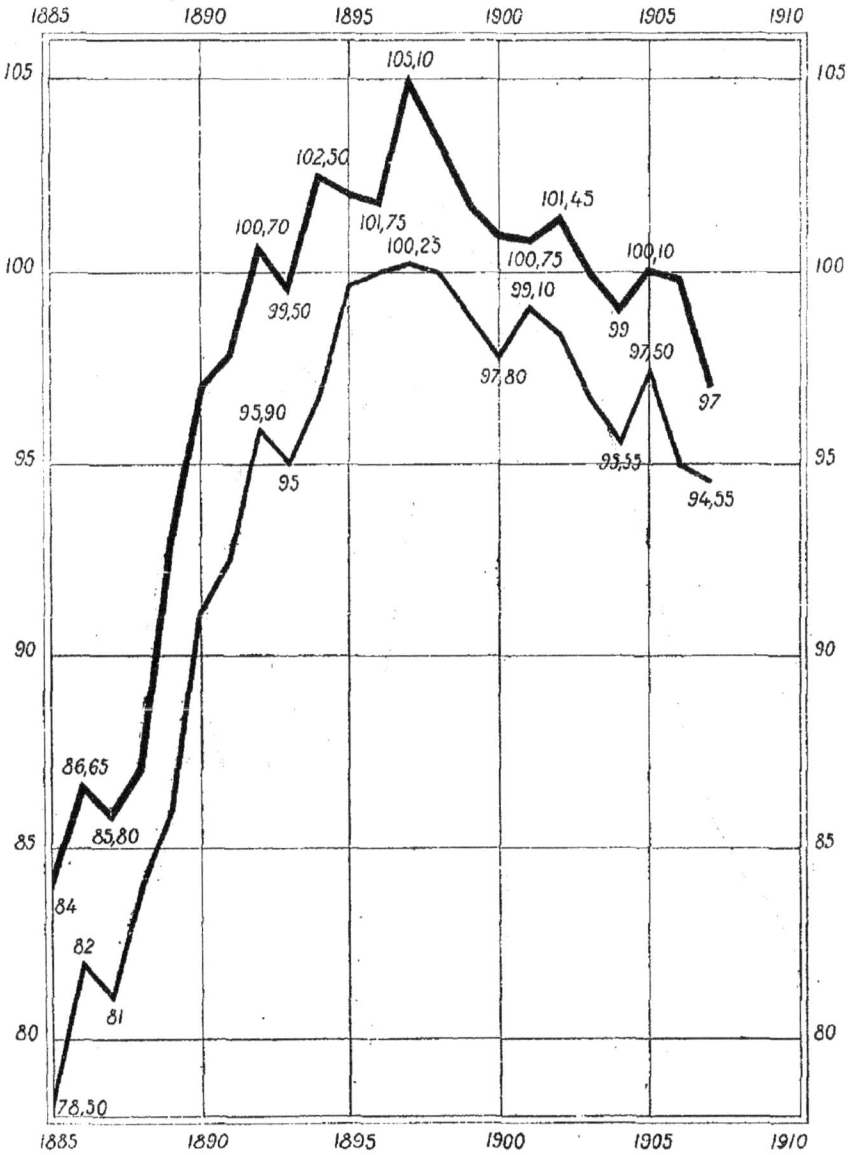

Cours moyens des actions et des obligations 3 °/₀ anciennes et 2 ¹/₂ °/₀ des six grandes compagnies de chemins de fer — **Plus hauts et plus bas cours de la rente 3 °/₀ amortissable**

| ANNÉES | EST | LYON | MIDI | NORD | ORLÉANS | OUEST |
|---|---|---|---|---|---|---|
| **ACTIONS (Cours moyens)** | | | | | | |
| 1885. . . . . . . . . | 790,57 | 1 249,32 | 1 166,25 | 1 602,18 | 1 337,22 | 854,26 |
| 1886. . . . . . . . . | 803,84 | 1 231,80 | 1 157,10 | 1 556,78 | 1 334,49 | 867,70 |
| 1887. . . . . . . . . | 786,58 | 1 212,85 | 1 150,87 | 1 539,70 | 1 309,33 | 871,10 |
| 1888. . . . . . . . . | 789,81 | 1 271,85 | 1 164,62 | 1 568,12 | 1 328,42 | 902,90 |
| 1889. . . . . . . . . | 810,07 | 1 346,50 | 1 193,75 | 1 753,34 | 1 362,21 | 948,55 |
| 1890. . . . . . . . . | 862,26 | 1 437,11 | 1 262,71 | 1 826,26 | 1 451,64 | 1 046,73 |
| 1891. . . . . . . . . | 906,02 | 1 496,37 | 1 305,50 | 1 844,07 | 1 525,84 | 1 058,25 |
| 1892. . . . . . . . . | 921,34 | 1 503,67 | 1 300,27 | 1 858,34 | 1 551,85 | 1 051,41 |
| 1893. . . . . . . . . | 954,33 | 1 521,43 | 1 334,14 | 1 882,54 | 1 601,92 | 1 103,55 |
| 1894. . . . . . . . . | 961,06 | 1 448,26 | 1 309,44 | 1 828,78 | 1 528,67 | 1 097,69 |
| 1895. . . . . . . . . | 959,21 | 1 474,78 | 1 290,36 | 1 804,54 | 1 578,43 | 1 094,70 |
| 1896. . . . . . . . . | 967,92 | 1 565,69 | 1 288,13 | 1 805,52 | 1 603,62 | 1 102,55 |
| 1897. . . . . . . . . | 1 053,06 | 1 757,47 | 1 375,14 | 1 944,85 | 1 764,59 | 1 165,84 |
| 1898. . . . . . . . . | 1 087,31 | 1 915,74 | 1 449,06 | 2 119,40 | 1 868,78 | 1 209,43 |
| 1899. . . . . . . . . | 1 028,82 | 1 890,37 | 1 367,63 | 2 134,72 | 1 786,35 | 1 116,88 |
| 1900. . . . . . . . . | 1 081,87 | 1 836,18 | 1 322,02 | 2 316,98 | 1 741,37 | 1 080,69 |
| 1901. . . . . . . . . | 1 039,56 | 1 669,56 | 1 303,94 | 2 124,06 | 1 653,96 | 1 050,51 |
| 1902. . . . . . . . . | 980,99 | 1 482,93 | 1 363,61 | 1 966,14 | 1 552,69 | 986,58 |
| 1903. . . . . . . . . | 928,08 | 1 420,90 | 1 177,07 | 1 833,21 | 1 497,40 | 907,74 |
| 1904. . . . . . . . . | 906,59 | 1 352,76 | 1 158,35 | 1 764,40 | 1 450,07 | 880,36 |
| 1905. . . . . . . . . | 963,45 | 1 389,67 | 1 209,48 | 1 815,93 | 1 497,49 | 918,89 |
| 1906. . . . . . . . . | 909,16 | 1 344,81 | 1 142,55 | 1 782,64 | 1 408,79 | 876,89 |
| 1907. . . . . . . . . | 895,16 | 1 358,41 | 1 107,38 | 1 756,94 | 1 348,62 | 831,86 |

| ANNÉES | EST | LYON-FUSION | MIDI | NORD | ORLÉANS | OUEST |
|---|---|---|---|---|---|---|
| **OBLIGATIONS 3 °/₀ ANCIENNES (Cours moyens)** | | | | | | |
| 1885. . . . . . . . . | 377,94 | 379,45 | 380,87 | 388,21 | 381,88 | 380,16 |
| 1886. . . . . . . . . | 387,80 | 388,25 | 388,82 | 397,25 | 390,83 | 389,21 |
| 1887. . . . . . . . . | 385,62 | 391,30 | 393,39 | 401,77 | 395,10 | 392,89 |
| 1888. . . . . . . . . | 392,14 | 399,58 | 400,48 | 408,76 | 402,67 | 400,63 |
| 1889. . . . . . . . . | 402,72 | 411,27 | 412,19 | 420,46 | 413,92 | 411,62 |
| 1890. . . . . . . . . | 428,95 | 433,64 | 435,10 | 441,85 | 436,93 | 434,88 |
| 1891. . . . . . . . . | 438,85 | 444,90 | 444,77 | 448,19 | 445,22 | 441,21 |
| 1892. . . . . . . . . | 456,19 | 461,15 | 460,70 | 464,38 | 462,82 | 460,61 |
| 1893. . . . . . . . . | 456,84 | 461,34 | 461,82 | 468,13 | 463,24 | 461,60 |
| 1894. . . . . . . . . | 462,82 | 464,10 | 466,97 | 474,10 | 466,16 | 465,54 |
| 1895. . . . . . . . . | 471,59 | 474,16 | 468,68 | 481,17 | 473,58 | 473,49 |
| 1896. . . . . . . . . | 474,80 | 475,37 | 472,42 | 486,90 | 476,48 | 475,47 |
| 1897. . . . . . . . . | 481,59 | 482,29 | 480,42 | 485,68 | 482,47 | 481,79 |
| 1898. . . . . . . . . | 477,61 | 477,68 | 477,29 | 481,73 | 478,01 | 477,79 |
| 1899. . . . . . . . . | 462,28 | 463,52 | 461,40 | 469,87 | 463,95 | 462,55 |
| 1900. . . . . . . . . | 459,92 | 450,65 | 448,95 | 459,78 | 451,26 | 449,87 |
| 1901. . . . . . . . . | 458,01 | 457,90 | 456,44 | 463,82 | 458,83 | 457,04 |
| 1902. . . . . . . . . | 464,57 | 464,31 | 462,80 | 470,13 | 465,33 | 462,76 |
| 1903. . . . . . . . . | 457,13 | 456,14 | 451,77 | 464,85 | 457,26 | 451,30 |
| 1904. . . . . . . . . | 451,23 | 449,67 | 445,87 | 460,13 | 450,15 | 445,19 |
| 1905. . . . . . . . . | 463,10 | 462,16 | 460,15 | 469,23 | 463,26 | 459,08 |
| 1906. . . . . . . . . | 449,83 | 450,43 | 445,45 | 459,77 | 450,60 | 443,39 |
| 1907. . . . . . . . . | 434,59 | 433,37 | 428,87 | 449,41 | 433,08 | 425,67 |

| ANNÉES | EST | LYON | MIDI | NORD | ORLÉANS | OUEST |
|---|---|---|---|---|---|---|
| **OBLIGATIONS 2 1/2 °/₀ (Cours moyens)** | | | | | | |
| 1895. . . . . . . . . | » | » | » | » | 425,54 | » |
| 1896. . . . . . . . . | » | 450,65 | » | 454,00 | 441,97 | » |
| 1897. . . . . . . . . | 457,18 | 455,86 | 452,85 | 457,40 | 455,24 | 455,70 |
| 1898. . . . . . . . . | 449,50 | 445,24 | 444,95 | 448,01 | 446,59 | 448,40 |
| 1899. . . . . . . . . | 422,99 | 421,29 | 419,72 | 422,47 | 419,54 | 420,85 |
| 1900. . . . . . . . . | 406,54 | 405,30 | 401,52 | 410,56 | 403,62 | 404,25 |
| 1901. . . . . . . . . | 415,10 | 412,29 | 412,15 | 414,97 | 413,16 | 412,05 |
| 1902. . . . . . . . . | 418,92 | 417,21 | 416,59 | 427,59 | 417,50 | 415,95 |
| 1903. . . . . . . . . | 417,03 | 413,93 | 410,33 | 422,90 | 413,01 | 408,48 |
| 1904. . . . . . . . . | 409,07 | 405,57 | 404,22 | 415,71 | 405,16 | 402,56 |
| 1905. . . . . . . . . | 419,32 | 417,20 | 416,85 | 424,76 | 417,01 | 414,84 |
| 1906. . . . . . . . . | 422,32 | 415,19 | 411,41 | 420,71 | 413,06 | 407,41 |
| 1907. . . . . . . . . | 399,19 | 398,17 | 392,30 | 407,81 | 390,46 | 388,04 |

| ANNÉES | PLUS HAUT COURS | PLUS BAS COURS | ANNÉES | PLUS HAUT COURS | PLUS BAS COURS |
|---|---|---|---|---|---|
| **3 °/₀ AMORTISSABLE** | | | | | |
| 1885. . . . . . . . . | 84,00 | 78,50 | 1897. . . . . . . . . | 105,10 | 100,25 |
| 1886. . . . . . . . . | 86,65 | 82,00 | 1898. . . . . . . . . | 103,25 | 100,00 |
| 1887. . . . . . . . . | 85,80 | 81,00 | 1899. . . . . . . . . | 101,70 | 98,90 |
| 1888. . . . . . . . . | 87,00 | 81,00 | 1900. . . . . . . . . | 100,90 | 97,80 |
| 1889. . . . . . . . . | 93,00 | 86,00 | 1901. . . . . . . . . | 100,75 | 99,10 |
| 1890. . . . . . . . . | 97,00 | 91,10 | 1902. . . . . . . . . | 101,45 | 98,50 |
| 1891. . . . . . . . . | 97,80 | 92,50 | 1903. . . . . . . . . | 100,00 | 96,70 |
| 1892. . . . . . . . . | 100,70 | 95,90 | 1904. . . . . . . . . | 99,00 | 95,55 |
| 1893. . . . . . . . . | 99,50 | 95,00 | 1905. . . . . . . . . | 100,10 | 97,50 |
| 1894. . . . . . . . . | 102,50 | 96,75 | 1906. . . . . . . . . | 99,80 | 95,00 |
| 1895. . . . . . . . . | 102,00 | 99,65 | 1907. . . . . . . . . | 97,00 | 94,55 |
| 1896. . . . . . . . . | 101,75 | 100,00 | | | |

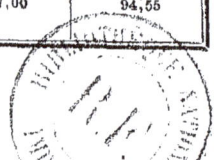

NANCY, IMPRIMERIE BERGER-LEVRAULT ET Cⁱᵉ

www.ingramcontent.com/pod-product-compliance
Lightning Source LLC
Chambersburg PA
CBHW060442210326
41520CB00015B/3815